# WORDOKU

## 1

## FRANK LONGO

| | | K | U | C | | O | |
|---|---|---|---|---|---|---|---|
| | W | | | O | | R | K |
| | O | | | D | | | |
| | | R | | | | | C |
| R | O | | D | | | T | W |
| D | | | | O | | | |
| | | U | | | K | | |
| C | S | | T | | | U | |
| | T | D | K | R | | | |

**PUZZLE**
**WRIGHT**
**PRESS**

New York

PUZZLE
WRIGHT
PRESS
New York

An Imprint of Sterling Publishing
387 Park Avenue South
New York, NY 10016

PUZZLEWRIGHT PRESS and the distinctive Puzzlewright Press logo
are registered trademarks of Sterling Publishing Co., Inc.

First Puzzlewright Press edition published in 2013.
This book was previously published under the title
*The Official Book of Wordoku: Sudoku Puzzles for Word Lovers.*

ISBN 978-1-4549-0959-0

Distributed in Canada by Sterling Publishing
C/o Canadian Manda Group, 165 Dufferin Street
Toronto, Ontario, Canada M6K 3H6
Distributed in the United Kingdom by GMC Distribution Services
Castle Place, 166 High Street, Lewes, East Sussex, England BN7 1XU
Distributed in Australia by Capricorn Link (Australia) Pty. Ltd.
P.O. Box 704, Windsor, NSW 2756, Australia

For information about custom editions, special sales, and premium and
corporate purchases, please contact Sterling Special Sales
at 800-805-5489 or specialsales@sterlingpublishing.com.

Manufactured in the United States of America

2  4  6  8  10  9  7  5  3  1

www.puzzlewright.com

# CONTENTS

# INTRODUCTION

## WHAT IS SUDOKU?

This book consists of 144 sudoku puzzles for word lovers. In the unlikely event that you haven't yet heard of sudoku, this is a type of logic puzzle that in the past decade has become very popular in magazines, books, and even tabloid newspapers. The appeal of sudoku lies in its simplicity coupled with its addictiveness.

The rules are very simple. You are given a 9×9 grid subdivided into nine smaller 3×3 sections or "boxes." At the start, you are given a few numbers in the grid. Your task is to place a number in each empty square so that all of the numbers from 1 to 9 appear in each row going across, each column going down, and each smaller 3×3 box. This is accomplished using logic only, so that the solver should never have to blindly guess. Each puzzle has a unique solution; that is, with the starting numbers given, there is only one possible solution that will work.

Here is an example of a typical sudoku puzzle and its solution:

| 9 | 3 | 5 | 4 |   |   |   |   |   |
|---|---|---|---|---|---|---|---|---|
| 8 |   |   | 5 |   |   |   |   | 3 |
|   | 1 | 6 |   | 8 |   |   |   | 5 |
|   |   |   |   |   | 7 |   |   |   |
|   |   | 3 | 6 |   | 5 | 9 |   |   |
|   |   |   |   | 1 |   |   |   |   |
| 2 |   |   |   | 5 |   | 4 | 7 |   |
| 6 |   |   |   |   | 1 |   |   | 8 |
|   |   |   |   |   | 2 | 5 | 1 | 9 |

| 9 | 3 | 5 | 4 | 7 | 6 | 8 | 2 | 1 |
|---|---|---|---|---|---|---|---|---|
| 8 | 7 | 2 | 5 | 1 | 9 | 6 | 4 | 3 |
| 4 | 1 | 6 | 2 | 8 | 3 | 7 | 9 | 5 |
| 5 | 2 | 9 | 8 | 3 | 7 | 1 | 6 | 4 |
| 1 | 4 | 3 | 6 | 2 | 5 | 9 | 8 | 7 |
| 7 | 6 | 8 | 1 | 9 | 4 | 3 | 5 | 2 |
| 2 | 9 | 1 | 3 | 5 | 8 | 4 | 7 | 6 |
| 6 | 5 | 7 | 9 | 4 | 1 | 2 | 3 | 8 |
| 3 | 8 | 4 | 7 | 6 | 2 | 5 | 1 | 9 |

## WHAT IS WORDOKU?

Sudoku can be quite addictive. But being a crossword puzzle lover, I wanted to add an element of wordplay to the puzzle for variety. Wordoku is exactly the same as sudoku, except letters are used instead of numbers. This adds some spice to the mix, since every puzzle, while employing the same rules for solving, uses different letters.

Below each grid you are given nine different letters. These are the letters to be placed into the grid so that all nine letters appear in each row, each column, and each of the nine 3×3 boxes. Now, here's the fun part: when the puzzle is correctly solved, a nine-letter word will appear somewhere in the grid, either in one of the rows, one of the columns, or on the diagonal from the upper left to the lower right. Here is an example:

| W | I | N | K |   |   |   |   |   |
|---|---|---|---|---|---|---|---|---|
| U |   |   | N |   |   |   |   | I |
|   | A | Q |   | U |   |   |   | N |
|   |   |   |   |   | S |   |   |   |
|   |   | I | Q |   | N | W |   |   |
|   |   |   | A |   |   |   |   |   |
| G |   |   |   | N |   | K | S |   |
| Q |   |   |   |   | A |   |   | U |
|   |   |   |   | G | N | A | W |   |

| W | I | N | K | S | Q | U | G | A |
|---|---|---|---|---|---|---|---|---|
| U | S | G | N | A | W | Q | K | I |
| K | A | Q | G | U | I | S | W | N |
| N | G | W | U | I | S | A | Q | K |
| A | K | I | Q | G | N | W | U | S |
| S | Q | U | A | W | K | I | N | G |
| G | W | A | I | N | U | K | S | Q |
| Q | N | S | W | K | A | G | I | U |
| I | U | K | S | Q | G | N | A | W |

| U | K | G | N | A | W | S | I | Q |
|---|---|---|---|---|---|---|---|---|

In the solution, the word SQUAWKING appears in the sixth row.

Note that the Wordoku puzzle above is the exact same puzzle as the sudoku puzzle at left, except that the numbers have been replaced by letters. All the 1's became A's, all the 2's became G's, etc. It is solved exactly the same, but with letters instead of numbers. When solving a sudoku puzzle, you are constantly saying to yourself "1 2 3 4 5 6 7 8 9" when looking for what numbers are missing. For this reason, we have placed the nine letters below the grid in an arrangement that's easy to remember, in this case "U.K. GNAWS I.Q." You will say those letters over and over to yourself while solving. As you are solving, you will eventually see a word being formed. Obviously, the knowledge that a nine-letter word must appear somewhere in the grid can be quite helpful in the solving process. Filling in the missing letters will give you a little more information than you would have had if the puzzle had just contained numbers. Because you get that extra info, the difficult puzzles in this book have been designed to be a bit harder than they would be in a typical tough sudoku book. But at no point is it necessary to identify the word in the grid to logically solve the puzzle. You could speak Serbo-Croatian only, without knowing a word of English, and still logically work your way through each puzzle (though you wouldn't be able to read this introduction). You should be warned that just because a word appears to be forming doesn't necessarily make it the correct word. A few traps have been put in the puzzles where near-misses of words are in the solutions. Logic should always trump assumption!

The last ten puzzles present an additional challenge: you are given only eight starting letters. The ninth letter is for you to figure out. The only way to determine this letter is to ultimately figure out what, and where, the spelled-out nine-letter word is. Hopefully this will foil those solvers who are particularly good at immediately spotting a nine-letter word from a set of jumbled letters! (Serbo-Croatian speakers will have to be content with solving the puzzle with a "?" as one of the letters.)

The puzzles in this book are arranged by increasing difficulty level, as follows:

1–10: Warmup
11–36: No Sweat
37–56: Leisurely
57–76: Middle of the Road
77–96: Uphill Climb
97–116: Ornery
117–134: Treacherous
135–144: Discover the Missing Letter

The harder puzzles may require some advanced logic steps and a bit more patience, but ultimately they can be conquered, as previously stated, without having to resort to flat-out guessing. Always bear in mind that every puzzle has a unique solution.

Whether or not you are new to sudoku, I believe you will find these puzzles surprisingly refreshing and fun. I sincerely hope you have as much fun solving them as I did in making them.

—Frank Longo

**1**

| I | M |   | A |   | C | O | W |   |
|---|---|---|---|---|---|---|---|---|
|   |   |   |   |   |   |   |   |   |
| W |   |   |   | R |   |   | E |   |
| V | A |   |   | C |   | E |   |   |
|   |   | M | I |   | R | C |   |   |
|   |   | R |   | W |   |   | M | V |
|   | V |   |   | A |   |   |   | M |
|   |   |   |   |   |   |   |   |   |
|   | E | W | V |   | M |   | O | C |

**W A R M V O I C E**

**2**

| I | T | S | Y |   |   |   |   |   |
|---|---|---|---|---|---|---|---|---|
|   |   |   |   | B | I | T | S | Y |
|   |   |   |   |   |   |   |   |   |
| Y | N |   |   |   | T |   | I |   |
|   |   | T |   | E |   | B |   |   |
|   | E |   | O |   |   |   | Y | T |
|   |   |   |   |   |   |   |   |   |
| E | Y | C | B | T |   |   |   |   |
|   |   |   |   |   | S | N | B | C |

**N I C E S T B O Y**

| | | | B | A | R | H | O | P |
|---|---|---|---|---|---|---|---|---|
| | | | Y | | | I | | G |
| | | | G | | | | | A |
| | | Y | I | | O | | B | |
| | | | | | | | | |
| | R | | P | | Y | A | | |
| O | | | R | | | | | |
| A | | G | | | I | | | |
| I | Y | R | A | P | B | | | |

| P | A | I | R | B | Y | H | O | G |
|---|---|---|---|---|---|---|---|---|

| P | L | A | Y | | M | E | | |
|---|---|---|---|---|---|---|---|---|
| | | B | | | A | | | |
| M | | | | P | | | | |
| | | | | | | | S | B |
| | | | L | | S | | | |
| Y | P | | | | | | | |
| | | | | A | | | | P |
| | | | S | | | H | | |
| | | E | H | | P | B | Y | S |

| S | H | Y | B | E | L | A | M | P |
|---|---|---|---|---|---|---|---|---|

**5**

| | | | | | | | | |
|---|---|---|---|---|---|---|---|---|
| | | Y | | | I | T | | |
| | C | I | T | Y | | | | |
| | | | | O | F | | | |
| E | | | | | J | O | Y | |
| C | | | | | | | | E |
| | I | O | Y | | | | | F |
| | | | O | F | | | | |
| | | | B | Y | I | J | | |
| | | E | J | | C | | | |

C O Y F B I J E T

**6**

| | | | | | | | | |
|---|---|---|---|---|---|---|---|---|
| B | I | G | | F | U | N | | |
| N | | | | | G | | | |
| | R | | N | | | | | I |
| | | | | B | | R | G | |
| | | | | | | | | |
| | O | U | | N | | | | |
| U | | | | | F | | E | |
| | | | R | | | | | B |
| | | E | B | I | | U | O | G |

B I G F U N O R E

**7**

| | B | N | | | T | | | U |
|---|---|---|---|---|---|---|---|---|
| | | | N | L | | | | G |
| | | I | | C | | | | |
| L | | | | | G | | I | |
| | | C | L | I | N | G | | |
| | | I | | H | | | | U |
| | | | | U | | H | | |
| H | | | | N | B | | | |
| U | | | T | | | | B | G |

BUTCHLING

**8**

| | A | | | | I | | | |
|---|---|---|---|---|---|---|---|---|
| | | Z | | | | | | O |
| R | | D | | | | V | I | |
| P | R | O | V | E | | | | |
| | | | I | | D | | | |
| | | | | P | R | O | V | E |
| | I | A | | | | D | | V |
| Z | | | | | | I | | |
| | | | R | | | | P | |

AVOIDPREZ

**9**

| | | | | | | | | |
|---|---|---|---|---|---|---|---|---|
| | T | | C | | P | | L | |
| | | I | A | | | S | | |
| | | | S | | | K | | |
| | | E | | I | T | | | |
| T | | C | | | | P | | S |
| | | | S | P | | E | | |
| | E | | | T | | | | |
| | | T | | | E | C | | |
| | I | | K | | A | | E | |

| P | I | C | K | L | E | S | A | T |
|---|---|---|---|---|---|---|---|---|

**1/0**

| | | | | | | | | |
|---|---|---|---|---|---|---|---|---|
| F | L | E | A | | | | | |
| W | | | | N | | | | |
| | | N | | O | | E | | L |
| | | | | | S | | | K |
| | N | L | | | | A | W | |
| K | | | N | | | | | |
| O | | F | | A | | S | | |
| | | | | K | | | | W |
| | | | | W | O | L | F | |

| K | N | E | W | O | F | S | A | L |
|---|---|---|---|---|---|---|---|---|

| M | A | D |   |   |   |   |   | E |
|---|---|---|---|---|---|---|---|---|
|   |   |   | M | A | D |   |   |   |
|   |   |   |   |   |   | M | A | D |
|   | Y |   | A |   |   |   | C |   |
|   |   |   | R | Y | P |   |   |   |
|   | R |   |   |   | M |   | H |   |
| H | D | M |   |   |   |   |   |   |
|   |   |   | D | R | H |   |   |   |
| E |   |   |   |   |   | Y | D | H |

| C | A | M | P | Y | H | E | R | D |
|---|---|---|---|---|---|---|---|---|

| | | | B | R | A | I | N | Y |
|---|---|---|---|---|---|---|---|---|
|   | N |   |   |   |   |   |   |   |
|   |   |   |   |   | Y | A |   |   |
|   | L |   |   |   | R | N | T |   |
|   |   |   |   |   |   |   |   |   |
|   | A | T | N |   |   |   | L |   |
|   |   | I | T |   |   |   |   |   |
|   |   |   |   |   |   |   | Y |   |
| H | Y | L | A | I | B |   |   |   |

| B | R | Y | A | N | H | I | L | T |
|---|---|---|---|---|---|---|---|---|

| | | S | O | L | V | E | | |
|---|---|---|---|---|---|---|---|---|
| | M | O | | | E | S | | |
| U | E | | | | | | | |
| L | | A | | O | | V | | |
| | | | | | | | | |
| | U | | V | | S | | | O |
| | | | | | | O | E | |
| | | M | E | | | L | U | |
| | | R | U | O | L | V | | |

| R | U | M | L | O | A | V | E | S |
|---|---|---|---|---|---|---|---|---|

| B | A | K | E | | | | | |
|---|---|---|---|---|---|---|---|---|
| | H | | | | | | | |
| | | | | A | W | K | B | |
| | | C | | H | U | W | | |
| | B | | | E | | | U | |
| | | A | B | W | | T | | |
| | K | U | A | T | | | | |
| | | | | | | H | | |
| | | | | | C | A | K | E |

| T | W | E | A | K | C | H | U | B |
|---|---|---|---|---|---|---|---|---|

**Puzzle 15**

|   |   | G | L | I | T | C | H |   |
|---|---|---|---|---|---|---|---|---|
|   | H |   |   |   |   |   | R |   |
|   |   | E |   |   | C |   | A |   |
|   |   |   | H |   |   |   |   |   |
|   | G |   |   | L |   |   | T |   |
|   |   |   |   |   | G |   |   |   |
|   |   | I |   | A |   | L |   |   |
|   |   | A |   |   |   |   |   | T |
|   |   | C | L | G | R | H | A |   |

**G L I T C H E R A**

**Puzzle 16**

| C | L | A | M |   | D | I | P |   |
|---|---|---|---|---|---|---|---|---|
|   |   |   |   |   |   |   |   |   |
| Y |   |   |   | I |   | C |   |   |
|   | C | L | O |   |   |   |   |   |
| M |   |   | C | A |   |   | I |   |
|   |   |   |   | L | Y | D |   |   |
|   | P |   | O |   |   |   | Y |   |
|   |   |   |   |   |   |   |   |   |
|   | A | Y | D |   | I | M | L | P |

**O L Y M P I C A D**

| | | N | | | I | | | T |
|---|---|---|---|---|---|---|---|---|
| T | | | | | | | | |
| | | L | | | A | N | | M |
| I | A | | | | | | T | B |
| | N | | B | A | M | | L | |
| H | L | | | | | | A | N |
| M | | H | N | | | L | | |
| | | | | | | | | U |
| N | | | H | | | T | | |

**L A M B U N H I T**

| | | | A | J | H | | | I |
|---|---|---|---|---|---|---|---|---|
| | L | O | | E | | | | A |
| | H | | O | | | | E | |
| | | H | J | | | A | | L |
| | | | | | | | | |
| L | | E | | | A | H | | |
| | I | | | | S | | U | |
| U | | | | A | | E | O | |
| E | | | H | U | J | | | |

**H U L A J O S I E**

**Puzzle 19**

|   |   |   |   |   |   |   |   |   |
|---|---|---|---|---|---|---|---|---|
| C | A | N | D | L | E |   |   |   |
|   |   |   |   |   |   | L |   |   |
| H | L |   | C | A | T |   |   |   |
|   | N | L |   |   |   |   |   |   |
| E |   |   |   |   |   |   |   | L |
|   |   |   |   |   | D | H |   |   |
|   |   |   | O | D | L |   | E | C |
|   | E |   |   |   |   |   |   |   |
|   |   |   | E | C | N | T | D | H |

H O T C A N D L E

**Puzzle 20**

|   |   |   |   |   |   |   |   |   |
|---|---|---|---|---|---|---|---|---|
|   |   | I |   |   | L |   | B | O |
| E |   |   | Y |   | B |   | M |   |
|   |   | Z |   | E |   |   |   |   |
|   | S | E |   |   |   |   |   | Y |
|   |   |   | O |   | E |   |   |   |
| Z |   |   |   |   |   | B | S |   |
|   |   |   |   | L |   | M |   |   |
|   | E |   | Z |   | Y |   |   | I |
| S | I |   | E |   |   | O |   |   |

S L Y Z O M B I E

**Puzzle 2-1**

|   |   |   |   |   |   |   |   |   |
|---|---|---|---|---|---|---|---|---|
| T | R | Y |   | M | E |   |   |   |
|   |   |   |   |   | I | E | Y | R |
|   | E | C |   |   |   |   |   |   |
| C |   |   |   |   | S |   |   |   |
|   |   | M |   | C |   | H |   |   |
|   |   |   | Y |   |   |   |   | I |
|   |   |   |   |   |   | Y | I |   |
| H | Y | T | I |   |   |   |   |   |
|   |   |   | R | Y |   | C | T | H |

ERICSMYTH

**Puzzle 2-2**

|   |   |   |   |   |   |   |   |   |
|---|---|---|---|---|---|---|---|---|
|   | L | U |   |   |   | E |   | N |
| T |   |   | U |   |   | H |   | L |
|   |   |   | N | E |   |   | T |   |
|   |   |   | E |   | U |   |   | H |
|   |   |   |   | T |   |   |   |   |
| N |   |   | H |   | I |   |   |   |
|   | M |   | I | U |   |   |   |   |
| C |   | T |   |   | M |   |   | U |
| L |   | N |   |   |   | I | M |   |

CLIENTHUM

| | O | | | | | | | T |
|---|---|---|---|---|---|---|---|---|
| U | | | | C | R | L | | |
| | | | | | N | R | | U |
| | | | | O | P | E | | |
| | | | P | | | | | |
| | T | C | U | | | | | |
| R | | N | C | | | | | |
| | | O | R | L | | | | E |
| L | | | | | | | P | |

**T O R N U P C E L**

| | Z | E | R | O | | | | |
|---|---|---|---|---|---|---|---|---|
| | T | | L | | | | | I |
| O | | | | K | E | | | |
| | | H | Z | | | | | |
| | R | | | | | | K | |
| | | | | T | L | | | |
| | | T | E | | | | | R |
| Z | | | | R | | H | | |
| | | | K | H | O | E | | |

**I R K H O T E L Z**

**2 5**

| | | O | | K | C | P | W | |
|---|---|---|---|---|---|---|---|---|
| | | A | | | R | | | |
| | R | | | | | T | | C |
| | H | | | | K | | | W |
| A | | | | C | | | | H |
| T | | | H | | | | C | |
| R | | H | | | | | P | |
| | | | C | | | O | | |
| | O | W | T | R | | C | | |

**T H W A C K P R O**

**2 6**

| | | | | | T | U | N | A |
|---|---|---|---|---|---|---|---|---|
| | | O | | A | U | | | C |
| | U | | | G | | | | O |
| | E | | G | | | | | |
| O | A | | | | | | G | T |
| | | | | | O | | J | |
| U | | | | O | | | C | |
| G | | | J | C | | A | | |
| J | C | E | U | | | | | |

**A G E N T C U J O**

## 2/7

| | | | | | | | | |
|---|---|---|---|---|---|---|---|---|
| G | O |   | N | U | T | S |   |   |
|   |   |   |   |   | L |   |   |   |
|   | S |   |   |   |   |   |   | A |
|   |   |   |   |   |   | N |   | H |
| H |   |   |   | G |   |   |   | U |
| T |   | O |   |   |   |   |   |   |
| N |   |   |   |   |   |   | T |   |
|   |   | G |   |   |   |   |   |   |
|   |   | L | O | N | S |   | U | G |

**G O N U T S H A L**

## 2/8

| | | | | | | | | |
|---|---|---|---|---|---|---|---|---|
| G | R | I | N | D |   |   |   |   |
|   | D | E |   |   |   | R |   |   |
| U |   |   |   | G |   |   |   |   |
|   |   |   | R |   |   |   |   |   |
|   |   | N | E | H | M | I |   |   |
|   |   |   | I |   |   |   |   |   |
|   |   |   | N |   |   |   |   | D |
|   |   | U |   |   |   | M | R |   |
|   |   |   | M | D | E | H | G |   |

**R I G M U D H E N**

| | | | Y | E | S | | | |
|---|---|---|---|---|---|---|---|---|
| I | | O | R | | | | E | S |
| | C | | | I | | | | |
| C | D | | | Y | O | | | |
| | R | | | | | | S | |
| | | I | S | | | Y | | C |
| | | | Y | | | D | | |
| R | O | | | | V | E | | I |
| | | | I | S | E | | | |

**I V Y D E C O R S**

| | | L | O | V | E | D | | |
|---|---|---|---|---|---|---|---|---|
| | U | | | | | | E | L |
| | | | B | L | | | | O |
| | | | | V | A | | | |
| | | R | | | V | | | |
| | | A | D | | | | | |
| O | | | | U | D | | | |
| D | R | | | | | | L | |
| | | B | E | R | L | O | | |

**L O V E D A R U B**

| M | O | U | S | E |   |   |   |   |
|---|---|---|---|---|---|---|---|---|
|   | D |   |   | T |   | U |   |   |
|   |   |   |   | O |   |   |   |   |
|   |   |   |   | U |   |   |   | O |
|   | S | T |   |   |   | D | I |   |
| O |   |   | I |   |   |   |   |   |
|   |   |   | M |   |   |   |   |   |
|   |   | S |   | Q |   |   | T |   |
|   |   |   |   | O | E | Q | S | U |

**T O M U S E D I Q**

|   |   |   |   |   | B | L | U | E |
|---|---|---|---|---|---|---|---|---|
| C |   | A | L |   |   |   |   |   |
|   |   | L |   | N | I |   |   | J |
| J | I |   |   | A |   |   |   |   |
|   |   | E |   |   |   | N |   |   |
|   |   |   |   | U |   |   | J | I |
| A |   |   | C | L |   | I |   |   |
|   |   |   |   |   | E | J |   | L |
| L | E | B | J |   |   |   |   |   |

**U N L A C E J I B**

## Puzzle 3/3

| | | | | | | | | |
|---|---|---|---|---|---|---|---|---|
| | U | N | I | C | E | F | | |
| | | R | | | | | N | E |
| | | | | U | | I | | |
| | O | | E | | | | | |
| R | | | | I | | | | O |
| | | | | O | | C | | |
| | N | | G | | | | | |
| U | E | | | | C | | | |
| | | O | N | E | F | I | G | |

**UNICEFORG**

## Puzzle 3/4

| | | | | | | | | |
|---|---|---|---|---|---|---|---|---|
| C | U | R | L | Y | | | | |
| | | | | | | I | | |
| | | A | D | | | | | |
| | L | U | | H | | | | R |
| | H | Y | U | | C | I | L | |
| R | | | | L | | H | U | |
| | | | | | R | Y | | |
| | D | | | | | | | |
| | | | | I | Y | U | D | H |

**I HAD CURLY**

**Grid 3/5**

| L | A | M | P |   |   |   |   |
|---|---|---|---|---|---|---|---|
|   |   |   |   |   | M |   | L |
|   |   |   | N |   |   | Y | R |
| N |   |   |   |   | U |   | O |
|   | P |   | A |   |   | M |   |
| O |   | A |   |   |   |   | Y |
| M | R |   | U |   |   |   |   |
| Y |   | O |   |   |   |   |   |
|   |   |   |   | N | O | R | M |

| L | A | Y | O | N | R | U | M | P |
|---|---|---|---|---|---|---|---|---|

**Grid 3/6**

| I |   | D | A | R | E |   | U |
|---|---|---|---|---|---|---|---|
|   |   |   |   |   |   |   |   |
| L |   |   |   | V |   | R |   |
| N |   |   |   |   |   | I |   |
|   | A |   | U |   | E |   |   |
|   | V |   |   |   |   |   | N |
|   | U |   | D |   |   |   | V |
|   |   |   |   |   |   |   |   |
|   | E |   | U | L | A | N |   | R |

| R | U | D | E | A | N | V | I | L |
|---|---|---|---|---|---|---|---|---|

|   |   |   |   | O |   | I | G |   |
|---|---|---|---|---|---|---|---|---|
|   | I |   | L |   |   |   |   |   |
| O |   |   |   | C |   | T |   |   |
|   |   |   | C |   |   | S | N |   |
| N | L |   |   |   |   | C | I |   |
| I | T |   | A |   |   |   |   |   |
|   | C |   | O |   |   |   |   | S |
|   |   |   |   | G |   | O |   |   |
| G | N |   | S |   |   |   |   |   |

**L O S I N G C A T**

|   |   |   |   |   | H | O | T |   |
|---|---|---|---|---|---|---|---|---|
|   |   |   | H | O | T |   |   |   |
| H | O | T |   |   |   | U |   |   |
|   |   |   |   | I | O | Z |   |   |
| U |   |   |   |   |   |   |   | I |
|   | A | R | U |   |   |   |   |   |
|   | U |   |   |   | R | E | Z |   |
|   |   | E | I | A |   |   |   |   |
| O | T | E |   |   |   |   |   |   |

**H A Z I E R O U T**

Puzzle 39

| | | | | | | | | |
|---|---|---|---|---|---|---|---|---|
| L | O | G | I | C | | | | |
| | | R | | | H | | | |
| | | Y | R | | L | | O | |
| | | | | | | H | Y | |
| G | | O | | C | | | L | |
| C | A | | | | | | | |
| I | | A | | G | Y | | | |
| | | C | | | I | | | |
| | | | L | I | Y | G | H | |

**H I L A R Y C O G**

Puzzle 40

| | | | | | | | | |
|---|---|---|---|---|---|---|---|---|
| | | | I | R | A | Q | | |
| | | I | H | | | | | |
| E | | | N | | | | A | I |
| R | H | | | | | | | E |
| | | | E | | | U | | |
| I | | | | | | | L | R |
| A | E | | | | R | | | Q |
| | | | | | H | | U | |
| | | | N | Q | E | U | | |

**R E A L H U N I Q**

**4-1**

| | | H | E | L | P | | O | Y |
|---|---|---|---|---|---|---|---|---|
| | | | X | | | | | |
| | | L | | H | O | | | |
| P | | N | | | | L | | |
| | H | | | P | | | A | |
| | O | | | | | E | | X |
| | | | X | A | | O | | |
| | | | | Y | | | | |
| N | P | | H | O | L | X | | |

**E N Y A P H L O X**

**4-2**

| H | A | C | K | E | R | | | |
|---|---|---|---|---|---|---|---|---|
| | N | | | | H | E | | |
| | | | A | | | | | |
| B | | | | | | | R | |
| | K | H | | | | N | M | |
| | R | | | | | | | B |
| | | | | K | | | | |
| | | B | H | | | | A | |
| | | | R | B | C | K | H | N |

**M E R C K B A H N**

4/3

|   |   |   |   |   |   | D | T |   |
|---|---|---|---|---|---|---|---|---|
|   |   |   | B | D | S |   |   |   |
|   |   |   |   |   | N |   | A | S |
| N | R |   |   | Y |   |   |   |   |
| D | T |   |   |   |   |   | E | A |
|   |   |   |   | B |   |   | S | N |
| Y | S |   | R |   |   |   |   |   |
|   |   |   | A | S | D |   |   |   |
|   | D | T |   |   |   |   |   |   |

**R Y A N S D E B T**

4/4

|   |   |   |   |   |   | Y |   |   |
|---|---|---|---|---|---|---|---|---|
| I |   |   | X |   |   | O |   |   |
|   |   |   | O | V |   | C |   |   |
|   |   |   | T |   |   | Y |   | N |
|   |   | T | O | X | I | C |   |   |
| V |   | C |   |   | Y |   |   |   |
|   | X |   | N | Y |   |   |   |   |
|   | T |   |   |   | O |   |   | E |
|   | O |   |   |   |   |   |   |   |

**E V I C T O N Y X**

## 4/5

| | | O | N | | F | I | R | E |
|---|---|---|---|---|---|---|---|---|
| | | | O | | R | | | |
| | N | | | | | | O | |
| | R | | | | | N | | |
| | E | | | F | | | I | |
| | | I | | | | | E | |
| | S | | | | | | P | |
| | | | Y | | E | | | |
| Y | P | E | R | | S | F | | |

**F O R N I P S E Y**

## 4/6

| S | I | N | K | | | | | |
|---|---|---|---|---|---|---|---|---|
| | C | | N | | | | | S |
| | | U | | | S | | | N |
| | | | | C | | K | | |
| | D | | A | | Q | | U | |
| | | A | | S | | | | |
| I | | | S | | | U | | |
| Q | | | | | I | | D | |
| | | | | | C | S | N | I |

**A C I D S U N K Q**

Puzzle 47 (9×9):

| | | | T | | | | | |
|---|---|---|---|---|---|---|---|---|
| | | T | | | M | | C | |
| I | N | | | | | G | T | R |
| M | | | | | N | | | |
| A | | N | | M | | E | | T |
| | | | A | | | | | I |
| C | R | E | | | | | N | G |
| | A | | R | | | M | | |
| | | | | | C | | | |

**G E R M A N T I C**

Puzzle 48 (9×9):

| | | T | R | A | C | K | S | |
|---|---|---|---|---|---|---|---|---|
| | | | | | | | | |
| R | K | | | N | | | T | |
| | A | | T | | | C | | |
| T | | O | | | | R | | N |
| | | N | | | O | | A | |
| | T | | | O | | | N | C |
| | | | | | | | | |
| | S | L | | C | K | A | T | |

**C L A R K S T O N**

|   | S |   |   |   |   |   |   |   |
|---|---|---|---|---|---|---|---|---|
|   | U | M |   |   | R |   | G |   |
|   |   | N | G | T |   |   | U |   |
|   |   |   |   | A | S |   |   |   |
| S |   |   | M |   | T |   |   | G |
|   |   | A | S |   |   |   |   |   |
|   | R |   |   | M | E |   | N |   |
|   | N |   | A |   |   | U | E |   |
|   |   |   |   |   |   | A |   |   |

**G E N U S M A R T**

|   | L |   | B | O | Y |   |   |   |
|---|---|---|---|---|---|---|---|---|
| M |   |   |   |   |   |   |   | H |
|   | B |   |   | T |   | L |   |   |
| L |   | T |   |   |   | M |   |   |
|   |   |   | O | N | T |   |   |   |
|   |   | N |   |   |   | B |   | I |
|   |   | O |   | B |   |   | H |   |
| I |   |   |   |   |   |   |   | T |
|   |   |   | H | I | M |   | O |   |

**N I M B L Y H O T**

| Z |   | I | E |   |   |   |   |   |
|---|---|---|---|---|---|---|---|---|
| O | E |   | A | Z |   |   |   |   |
|   |   | N |   |   |   |   |   |   |
|   |   |   |   | D |   | N | R |   |
|   |   | D | R | E | A | M |   |   |
| I | M |   | Z |   |   |   |   |   |
|   |   |   |   |   | N |   |   |   |
|   |   |   | O | Z |   |   | R | D |
|   |   |   |   | E | O |   |   | I |

**M A I D E N R O Z**

| | | | A | E | I | O | U | |
|---|---|---|---|---|---|---|---|---|
| | | L | | | | | | |
| | | E | | I | | M | | |
| | | I | | | A | N | | |
| | U | | | | | E | | |
| | N | A | | | L | | | |
| | A | | M | | U | | | |
| | | | | O | | | | |
| E | I | L | U | T | | | | |

**M O U N T E L I A**

| I |   |   | L |   |   | U |   |   |
|---|---|---|---|---|---|---|---|---|
| S |   |   | I | M |   |   |   |   |
| T |   | M |   |   |   | O |   |   |
|   |   | I |   | C |   | S |   | O |
|   |   |   | O |   | L |   |   |   |
| O | N |   | M |   |   | C |   |   |
|   |   | L |   |   |   | N |   | T |
|   |   |   |   | T | I |   |   | M |
|   |   | C |   |   | O |   |   | I |

**S I M O N C U L T**

|   |   | T |   |   | N | D |   |   |
|---|---|---|---|---|---|---|---|---|
| R | F |   | T |   |   | D |   |   |
| H |   |   |   | F |   |   |   | N |
|   |   |   |   |   |   |   |   | I |
|   | R | F |   | N |   | H | D |   |
| I |   |   |   |   |   |   |   |   |
| T |   |   |   | I |   |   |   | H |
|   |   |   | N |   | R |   | I | F |
|   |   | R | S |   |   | A |   |   |

**S H I N D R A F T**

| H | U | G | S |   |   |   |   | D |
|---|---|---|---|---|---|---|---|---|
|   | E |   |   |   |   |   | J |   |
|   |   |   | D |   |   |   |   |   |
|   | S | U |   |   |   |   |   | P |
|   |   | I |   | J |   |   |   |   |
| D |   |   |   |   |   | G | I |   |
|   |   |   | H |   |   |   |   |   |
|   | P |   |   |   |   |   | S |   |
| E |   |   |   |   | S | D | H | I |

**P U S H E D J I G**

|   | E | R |   | V |   |   |   |   |
|---|---|---|---|---|---|---|---|---|
| A |   |   | R |   |   | S |   |   |
|   | S |   |   |   |   | C | E |   |
|   |   |   | C |   |   |   | R |   |
|   |   | S | E |   | V | N |   |   |
|   | C |   |   |   | U |   |   |   |
|   | N | E |   |   |   |   | C |   |
|   |   | C |   |   | R |   |   | N |
|   |   |   | A |   | U | O |   |   |

**S U A V E C O R N**

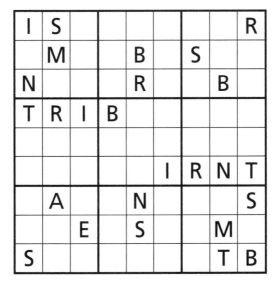

**57**

| U |   |   |   |   |   | E | N |   |
| --- | --- | --- | --- | --- | --- | --- | --- | --- |
|   |   | L |   | D |   | W |   | U |
|   | F |   |   | R |   |   |   |   |
|   | L | F | U |   |   |   |   |   |
| R |   |   | L |   | W |   |   | D |
|   |   |   |   | R | F | U |   |   |
|   |   |   | N |   |   |   | E |   |
| F |   | O | U |   |   | D |   |   |
|   | N | R |   |   |   |   |   | F |

| F | L | E | W | R | O | U | N | D |
| --- | --- | --- | --- | --- | --- | --- | --- | --- |

**58**

| I | S |   |   |   |   |   |   | R |
| --- | --- | --- | --- | --- | --- | --- | --- | --- |
|   | M |   | B |   |   | S |   |   |
| N |   |   | R |   |   | B |   |   |
| T | R | I | B |   |   |   |   |   |
|   |   |   |   |   |   |   |   |   |
|   |   |   |   |   | I | R | N | T |
|   | A |   | N |   |   |   |   | S |
|   |   | E | S |   |   | M |   |   |
| S |   |   |   |   |   |   | T | B |

| M | E | N | S | A | T | R | I | B |
| --- | --- | --- | --- | --- | --- | --- | --- | --- |

| | I | E | | O | | | | |
|---|---|---|---|---|---|---|---|---|
| T | | | | | M | E | | |
| O | | | | | | | S | |
| | | | | E | | | O | M |
| | | P | | | | U | | |
| E | S | | R | | | | | |
| | R | | | | | | | P |
| | | T | S | | | | | I |
| | | | U | | M | E | | |

| I | M | U | S | T | P | O | R | E |
|---|---|---|---|---|---|---|---|---|

| C | | | S | | | | | |
|---|---|---|---|---|---|---|---|---|
| | S | | | | E | O | N | T |
| | | | | O | | A | | |
| | | | | | | | B | L |
| | C | | | E | | | T | |
| E | T | | | | | | | |
| | | T | | A | | | | |
| B | E | O | T | | | | S | |
| | | | | N | | | | B |

| B | A | T | C | L | O | N | E | S |
|---|---|---|---|---|---|---|---|---|

## 61

| | | E | | | | | S |
|---|---|---|---|---|---|---|---|---|
| | | S | W | | | B | O |
| B | | N | | | | | |
| | T | | | | B | D | |
| | W | | | | | U | |
| | D | O | | | W | | |
| | | | | T | | | W |
| O | E | | U | D | | | |
| W | | | | E | | | |

```
D O W N T U B E S
```

## 62

| A | H | | W | | | K | | |
|---|---|---|---|---|---|---|---|---|
| | R | W | | H | | | A | T |
| | | | | | W | | | |
| | | T | | | R | | | |
| | A | O | T | | C | B | R | |
| | | | A | | | T | | |
| | | C | | | | | | |
| B | K | | | C | | H | O | |
| | | R | | | W | | B | C |

```
B O R K W A T C H
```

| | O | | | | I | T | | |
|---|---|---|---|---|---|---|---|---|
| R | | D | | C | | | | N |
| | N | | R | | | | | |
| E | | | | | U | | | |
| | D | I | O | | R | N | U | |
| | | | T | | | | | C |
| | | | | | O | | T | |
| N | | | | T | | E | | R |
| | | O | I | | | | N | |

**O U T C I N D E R**

| | | L | O | | | | | I |
|---|---|---|---|---|---|---|---|---|
| O | | | | I | Q | U | | A |
| A | | | | C | | | | |
| | A | | E | | | | O | |
| | | U | | | | I | | |
| | L | | | | O | | V | |
| | | | V | | | | | Q |
| I | | O | Q | E | | | | V |
| Q | | | | | L | A | | |

**Q U A I L C O V E**

**65**

| | H | | | A | E | K | |
| | | I | | | | | |
| K | N | | H | | A | I | |
| E | | G | | | H | | |
| A | | | | | | | N |
| | N | | | H | | | K |
| G | R | | K | | | N | A |
| | | | S | | | | |
| A | K | R | | | H | | |

H A N G S K I E R

**66**

| | | H | P | T | R | I | C |
| | P | | | | O | | |
| | | | O | | | | |
| | | H | | | O | | |
| O | C | | | | Y | | P |
| Y | | | C | | | | |
| | | C | | | | | |
| | H | | | | E | | |
| P | O | E | T | R | Y | | |

I C E T R O P H Y

**6 / 7**

| O |   |   | A | E | S |   | I |   |
|---|---|---|---|---|---|---|---|---|
|   |   |   |   | C | S | T |   | O |
|   |   | I |   |   |   | E |   |   |
|   | A | S |   |   |   |   |   |   |
|   |   | E | A | I |   |   |   |   |
|   |   |   | N | T |   |   |   |   |
|   | I |   |   |   | E |   |   |   |
| S | E | C | T |   |   |   |   |   |
|   | T |   | L | N | E |   |   | I |

**L A C E S I N T O**

**6 / 8**

| Y | A | M |   |   |   |   |   |   |
|---|---|---|---|---|---|---|---|---|
|   |   | N | O |   |   |   |   |   |
|   |   |   | Y |   |   |   |   | T |
| P |   |   | C | O |   | A |   |   |
| A |   | T |   |   |   | P |   | N |
|   | N |   | P | A |   |   |   | C |
| O |   |   |   | E |   |   |   |   |
|   |   |   |   | A | Y |   |   |   |
|   |   |   |   |   |   | O | E | P |

**M A C O N T Y P E**

|   |   | H | T | I |   |   |   |   |
|---|---|---|---|---|---|---|---|---|
|   |   | T | R |   |   |   |   |   |
| M | G |   |   | A |   |   |   | H |
| L | O | G |   |   |   |   | H | M |
|   |   |   |   |   |   |   |   |   |
| H | I |   |   |   |   | L | A | R |
| A |   |   |   | M |   |   | O | L |
|   |   |   |   |   | R | M |   |   |
|   |   |   |   | L | T | G |   |   |

**R O A M L I G H T**

| D | O |   | F | I | N | E |   |   |
|---|---|---|---|---|---|---|---|---|
|   |   |   |   |   | B |   |   | N |
|   | R |   |   |   | O |   | F |   |
|   |   | I | N |   | F | B |   |   |
|   | B |   | R |   |   |   | I |   |
| O |   |   | D |   |   |   |   |   |
|   |   |   |   |   |   |   |   |   |
|   |   | E | O | R | Y |   | D | I |

**F O R B I D Y E N**

|   |   |   |   | A |   | R |   | D |
|---|---|---|---|---|---|---|---|---|
|   |   | T | X |   |   |   |   |   |
| A | M | D | E |   |   | I |   |   |
| T | A | R |   |   |   |   |   | X |
|   |   |   |   |   |   |   |   |   |
| Y |   |   |   |   |   | M | E | A |
|   |   | M |   |   | Y | A | R | E |
|   |   |   |   |   | A | D |   |   |
| I |   | A |   | R |   |   |   |   |

| D | I | R | T | Y | E | X | A | M |
|---|---|---|---|---|---|---|---|---|

|   | D | R | O | P |   |   |   |   |
|---|---|---|---|---|---|---|---|---|
|   |   |   | R |   | C |   |   | O |
| O |   |   | B |   |   |   |   | P |
|   |   |   |   |   | B | I |   | R |
|   | L |   |   |   |   |   | B |   |
| R |   | C | A |   |   |   |   |   |
| P |   |   |   |   | O |   |   | C |
| A |   |   | I |   | D |   |   |   |
|   |   |   | B | A | O | D |   |   |

| B | R | I | D | A | L | C | O | P |
|---|---|---|---|---|---|---|---|---|

**73**

| | | | M | O | | | | E |
|---|---|---|---|---|---|---|---|---|
| | | L | | A | | O | | |
| B | E | | | | | | | C |
| | | M | | | | | O | B |
| | | | | I | | | | |
| T | B | | | | | L | | |
| O | | | | | | | C | I |
| | | A | | B | | M | | |
| L | | | | E | T | | | |

**C L A I M T O B E**

---

**74**

| | | O | S | | | | | T |
|---|---|---|---|---|---|---|---|---|
| | A | | | L | O | | P | |
| P | | | | | | | M | L |
| | S | | A | | C | | | |
| | | | | | | | | |
| | | | T | | M | | Y | |
| A | T | | | | | | | S |
| | M | | C | O | | | L | |
| Y | | | | | S | M | | |

**C A M P Y L O T S**

43

**7 / 5**

| | | | B | R | A | T | | |
|---|---|---|---|---|---|---|---|---|
| T | | | I | | | | | N |
| Y | | | | | | | B | |
| | | | | N | | | | |
| E | | I | | | | R | | C |
| | | | T | | | | | |
| | B | | | | | | | I |
| N | | | | | Y | | | E |
| | | C | A | T | I | | | |

T I N Y B R A C E

**7 / 6**

| | | | | D | N | | | |
|---|---|---|---|---|---|---|---|---|
| T | G | | | | | A | | |
| | | | A | | | S | | |
| | A | | I | | E | D | | T |
| | I | | | | | Y | | |
| E | | S | T | | N | | I | |
| | T | | | D | | | | |
| | Y | | | | | A | | E |
| | | I | E | | | | | |

D I S N E Y T A G

44

Puzzle 77

| | | | | | | | | |
|---|---|---|---|---|---|---|---|---|
| | E | | | | I | C | | S |
| | A | F | | N | | | | I |
| | | N | | | F | | | |
| | F | | | H | | | I | |
| | | | S | | | F | | |
| N | | | | R | | A | H | |
| C | | S | I | | | | R | |
| | | | | | | | | |

| R | E | F | C | H | A | I | N | S |
|---|---|---|---|---|---|---|---|---|

Puzzle 78

| | | | U | | | T | N |
|---|---|---|---|---|---|---|---|
| | | | E | | P | | U |
| | D | | | R | | | |
| | | | D | | | | P |
| | T | | | | | D | |
| E | | | | U | | | |
| | | | T | | | M | |
| P | | N | | R | | | |
| D | R | | | I | | | |

| P | U | T | R | I | D | M | E | N |
|---|---|---|---|---|---|---|---|---|

**Puzzle 79**

| O | D |   |   |   |   |   |   |   |
|---|---|---|---|---|---|---|---|---|
|   | U | B | D |   |   | O |   |   |
|   | I |   |   |   | S |   | R |   |
|   |   | U |   | S |   |   |   | I |
|   |   | R | E | I | D | U |   |   |
| D |   |   |   | H |   | E |   |   |
|   | D |   | S |   |   |   | U |   |
|   |   | E |   |   | U | R | S |   |
|   |   |   |   |   |   | H |   | D |

| B | U | S | H | I | E | R | D | O |
|---|---|---|---|---|---|---|---|---|

**Puzzle 80**

|   | S | T | O | P |   |   |   |   |
|---|---|---|---|---|---|---|---|---|
|   | O |   |   |   |   | H |   |   |
|   |   |   | I |   | U |   |   |   |
|   | P |   | H |   |   |   |   |   |
| T | R |   |   |   |   |   | P | I |
|   |   |   |   |   | O |   | C |   |
|   |   |   | U |   | R |   |   |   |
|   |   | R |   |   |   |   | T |   |
|   |   |   |   | S | P | I | R |   |

| P | I | T | C | H | O | R | U | S |
|---|---|---|---|---|---|---|---|---|

## 8/1

| | | | | | D | A | R | K |
|---|---|---|---|---|---|---|---|---|
| R | | | | | T | U | | |
| | | | K | | | O | | |
| | O | D | K | | | | | U |
| | | | | L | | | | |
| L | | | | | C | R | K | |
| | K | | | C | | | | |
| | | L | O | | | | | T |
| D | C | T | L | | | | | |

**A D U L T C O R K**

## 8/2

| | U | | | | | P | | |
|---|---|---|---|---|---|---|---|---|
| | | | | | | | | N |
| | | S | | E | N | | X | |
| P | L | | | I | | | S | |
| | | E | O | | P | L | | |
| | S | | | U | | | P | X |
| | P | | E | N | | S | | |
| L | | | | | | | | |
| | | X | | | | | N | |

**S O X L I N E U P**

47

| R | E | D |   | H | O | T |   |   |
|---|---|---|---|---|---|---|---|---|
|   |   |   |   | G | D |   | H |   |
|   |   |   |   |   |   | A |   |   |
|   | T |   |   |   |   |   |   |   |
|   | R | F | G |   | E | H | D |   |
|   |   |   |   |   |   |   | E |   |
|   |   | R |   |   |   |   |   |   |
|   | H |   | F | O |   |   |   |   |
|   |   | E | D | A |   | O | T | R |

**F R O G D E A T H**

| M | S | T |   |   | R | D |   |   |
|---|---|---|---|---|---|---|---|---|
|   |   | R |   |   |   | T | U | C |
|   |   |   | M |   |   | I |   |   |
|   | K |   |   | D |   |   | S |   |
|   |   | C |   |   | K |   |   |   |
| K | I | D |   |   |   | U |   |   |
|   |   |   |   |   |   |   |   |   |
|   |   | S | I |   |   | C | T | M |

**S M I R K D U C T**

**85**

|   |   | B |   | L |   |   |   |   |
|---|---|---|---|---|---|---|---|---|
|   |   | A |   |   |   | E |   |   |
| I |   | L | R |   | H |   |   |   |
|   | L |   |   | H |   |   |   |   |
| R |   |   |   |   |   |   |   | S |
|   |   |   | T |   |   | R |   |   |
|   |   | S |   |   | I | T |   | B |
|   | T |   |   |   |   | L |   |   |
|   |   |   | A |   | R |   |   |   |

T H E L I B R A S

**86**

| N | O |   | S | I | R |   |   |   |
|---|---|---|---|---|---|---|---|---|
|   |   |   |   |   |   |   | S |   |
| U |   | I |   |   |   | N |   |   |
|   | N | O |   | M | S |   |   |   |
|   |   |   |   |   |   |   |   |   |
|   |   |   | R | A |   | S | N |   |
|   |   | A |   |   |   | I |   | O |
|   | G |   |   |   |   |   |   |   |
|   |   |   | I | U | M |   | G | N |

M A R I O S U N G

|   |   |   |   |   |   |   |   | S |
|---|---|---|---|---|---|---|---|---|
| M | I | N | D |   |   |   |   |   |
|   |   |   | N |   | U |   |   | D |
|   | R | M |   | N |   |   |   |   |
|   | D |   |   |   |   |   | N |   |
|   |   |   |   | E |   | R | I |   |
| T |   |   | E |   | M |   |   |   |
|   |   |   |   | R | S | E | T |   |
| D |   |   |   |   |   |   |   |   |

| M | I | S | T | U | R | N | E | D |
|---|---|---|---|---|---|---|---|---|

|   |   | S |   |   | A |   | F |   |
|---|---|---|---|---|---|---|---|---|
|   |   |   |   |   |   |   |   | R |
| H | E | R | B | S |   |   |   |   |
|   |   |   |   | B |   |   |   | F |
|   | F |   |   |   |   |   | R |   |
| Z |   |   |   | I |   |   |   |   |
|   |   |   |   | A | R | F | B | H |
| I |   |   |   |   |   |   |   |   |
|   | A |   | H |   |   | Z |   |   |

| A | F | R | E | S | H | B | I | Z |
|---|---|---|---|---|---|---|---|---|

|   |   | N | D |   |   | I |   |   |
|---|---|---|---|---|---|---|---|---|
|   |   |   |   |   |   |   | C | A |
|   |   | D | E |   | R |   |   |   |
|   |   |   | A |   |   |   |   | H |
|   | R |   |   |   |   |   | I |   |
| E |   |   | G |   |   |   |   |   |
|   |   |   | A |   | G | E |   |   |
| C | E |   |   |   |   |   |   |   |
|   |   | I |   |   | C | G |   |   |

**H I N G E D C A R**

|   |   | D | O | G | S |   |   |   |
|---|---|---|---|---|---|---|---|---|
| E |   |   |   | I |   | D |   |   |
| I |   |   |   |   |   |   | O |   |
|   | U |   | D |   |   |   |   |   |
|   | E |   | G |   | T |   | I |   |
|   |   |   |   | I |   | E |   |   |
|   | S |   |   |   |   |   |   | U |
|   |   | P |   | D |   |   |   | I |
|   |   |   | P | U | G | S |   |   |

**E D P I G S O U T**

## 9 1

| | | T | | N | R | | | Y |
|---|---|---|---|---|---|---|---|---|
| | | | | | M | N | | |
| | | E | | Y | | | | M |
| M | A | | | | | O | | |
| | | | M | | N | | | |
| | | Y | | | | | A | S |
| T | | | | R | | Y | | |
| | | S | O | | | | | |
| O | | | | T | M | | E | |

| N | E | T | M | O | R | A | Y | S |
|---|---|---|---|---|---|---|---|---|

## 9 2

| S | A | V | E | | | | | |
|---|---|---|---|---|---|---|---|---|
| U | | | T | | | | S | |
| | | | I | | | X | | |
| | I | | | | | T | | A |
| | | | | | | | | |
| A | | T | | | | | I | |
| | | A | | | O | | | |
| | V | | | | T | | | U |
| | | | | | S | A | V | E |

| E | X | O | U | T | V | I | S | A |
|---|---|---|---|---|---|---|---|---|

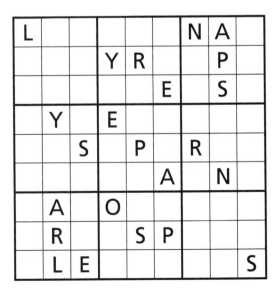

R I G H T L A N E

P R A Y N O E L S

## Puzzle 95

| C |   |   | | I | E | |   |   | A |
|---|---|---|---|---|---|---|---|---|---|
|   | I |   | |   | U | |   |   |   |
|   | E |   | |   |   | |   |   | N |
|   |   |   | |   |   | |   | Y | E |
|   |   |   | R | P | Y | |   |   |   |
| N | A |   | |   |   | |   |   |   |
| Y |   |   | |   |   | |   | C |   |
|   |   |   | C |   |   | |   | E |   |
| P |   |   | A | E |   | |   |   | I |

**A P U N Y R I C E**

## Puzzle 96

| T | I |   | O |   |   | |   |   |   |
|---|---|---|---|---|---|---|---|---|---|
| S | C | O | |   | B | |   |   | I |
|   |   |   | |   |   | |   |   |   |
|   |   | U | S |   |   | | R | B |   |
| Y | S |   | U |   | B | |   | I | O |
|   | O | C | |   | T | | S |   |   |
|   |   |   | |   |   | |   |   |   |
| R |   |   | |   | Y | | B | C | S |
|   |   |   | |   | S | |   | U | R |

**C I T R U S B O Y**

| M | I | N | T | Y |   |   |   |   |
|---|---|---|---|---|---|---|---|---|
|   |   |   |   | A |   | Y |   |   |
| T |   |   | C |   |   |   |   |   |
|   |   |   |   |   | T | I |   |   |
| C |   |   | G |   |   |   |   | Y |
|   | S | A |   |   |   |   |   |   |
|   |   |   |   | Y |   |   |   | G |
|   | M |   | S |   |   |   |   |   |
|   |   |   | M | I | Y | C | N |   |

**T Y I N G S C A M**

|   | X |   |   | E | U | A |   |   |
|---|---|---|---|---|---|---|---|---|
|   | O |   |   |   | A |   |   |   |
|   |   | P |   |   |   | E |   |   |
|   | S | O |   |   |   | X |   |   |
|   |   | J | T |   | P | O |   |   |
|   |   | A |   |   |   | E | J |   |
|   | U |   |   |   | S |   |   |   |
|   |   |   | A |   |   |   | T |   |
|   |   | T | O | P |   |   | A |   |

**A P E X J O U S T**

**Puzzle 99**

| | | | T | R | I | C | K |
|---|---|---|---|---|---|---|---|
| | | | | | | | O |
| | | C | E | | A | | |
| | | T | | | | | |
| H | | I | | | C | | R |
| | | | | | A | | |
| | H | | | I | K | | |
| C | | | | | | | |
| I | E | A | H | O | | | |

**HECKARIOT**

**Puzzle 100**

| R | U | S | T | Y | | | |
|---|---|---|---|---|---|---|---|
| | | | | | | | U |
| | E | | | S | | T | |
| O | | E | | | | | R |
| | | N | | | O | | |
| G | | | | T | | | N |
| | Y | | S | | | E | |
| S | | | | | | | |
| | | | R | O | U | G | S |

**RUSTYGONE**

| | | | | | | | | A |
|---|---|---|---|---|---|---|---|---|
| Q | | A | | | | D | | |
| | U | N | | E | | | | T |
| Z | | | Q | N | | I | | |
| | | I | A | | Z | | | |
| | T | | E | Z | | | | U |
| A | | | U | | D | E | | |
| | D | | | | A | | | I |
| T | | | | | | | | |

**U N I T E D Z A Q**

| C | P | | | | | | | |
|---|---|---|---|---|---|---|---|---|
| | | I | M | | | | | E |
| | | | U | | | C | | |
| | | E | | | N | | | |
| I | | | E | | T | | | P |
| | | C | | | M | | | |
| | T | | | | N | | | |
| U | | | | A | C | | | |
| | | | | | | | P | T |

**M I N U T E C A P**

|   |   |   | S | C | R |   |   |   |
|---|---|---|---|---|---|---|---|---|
|   |   | T |   |   |   |   |   |   |
| R |   |   |   |   | O |   |   | E |
|   | N | I |   |   |   |   | T |   |
|   |   | A |   | R |   | N |   |   |
|   | O |   |   |   |   | I | A |   |
| I |   |   | O |   |   |   |   | C |
|   |   |   |   |   |   | E |   |   |
|   |   |   | A | T | I |   |   |   |

| S | C | A | R | E | I | N | T | O |
|---|---|---|---|---|---|---|---|---|

|   |   |   |   | T | R | A | I | N |
|---|---|---|---|---|---|---|---|---|
| N |   |   |   |   |   |   | R |   |
|   |   |   | C |   |   |   |   |   |
|   | R |   |   | A |   |   |   | L |
| E |   |   | T |   | Y |   |   | I |
| C |   |   |   | E |   |   | Y |   |
|   |   |   |   |   | L |   |   |   |
|   | I |   |   |   |   |   |   | R |
| A | E | Y | N | R |   |   |   |   |

| N | E | A | T | L | Y | R | I | C |
|---|---|---|---|---|---|---|---|---|

| O |   |   | L |   |   |   | A |   |
|---|---|---|---|---|---|---|---|---|
|   |   |   | A |   |   | N |   | R |
|   | I |   |   |   | G |   |   |   |
| G |   |   |   | L |   |   |   |   |
|   |   | A | G | O | N | Y |   |   |
|   |   |   |   | A |   |   |   | V |
|   |   | N |   |   |   | R |   |   |
| L |   | Y |   |   | A |   |   |   |
|   | O |   |   |   | V |   |   | G |

**L I O N G R A V Y**

|   | O |   |   |   |   |   |   |   |
|---|---|---|---|---|---|---|---|---|
|   | U |   | O |   |   |   | Q | S |
|   | Q |   | U | B |   |   |   |   |
|   |   | R |   |   |   |   | U | E |
|   |   | Q |   | T |   | R |   |   |
| I | E |   |   |   |   | O |   |   |
|   |   |   | Q | R |   |   | I |   |
| E | R |   |   | B |   |   | O |   |
|   |   |   |   |   |   |   | B |   |

**E R I Q B O U T S**

## 107

```
   | E | V | I | L |   |   |   |   |
   |   | N |   |   | A |   | I |   |
   |   |   | R |   |   |   |   | S |
   |   | E |   |   |   |   |   | I |
 R |   |   | A | I | U |   |   | V |
 U |   |   |   |   |   | S |   |   |
 E |   |   |   | U |   |   |   |   |
   | V |   | L |   |   | U |   |   |
   |   |   |   | V | I | L | E |   |
```

V E N U S L I A R

## 108

```
   |   |   | T |   |   |   |   |   |
 W |   |   |   | R |   |   |   |   |
 E | R | C |   |   |   | B |   |   |
   |   | E |   | B | C |   |   | T |
   | W |   | A |   | E |   | U |   |
 C |   |   | U | W |   | K |   |   |
   | B |   |   |   |   | A | R | U |
   |   |   | K |   |   |   |   | W |
   |   |   |   | U |   |   |   |   |
```

W R E C K T U B A

| | | | | T | R | I | M | |
|---|---|---|---|---|---|---|---|---|
| O | M | | | R | | A | | |
| | | | | L | O | | F | |
| | T | | I | | | R | | |
| | | Y | | | | I | | |
| | O | | | R | | M | | |
| I | | M | F | | | | | |
| | A | | I | | | | F | L |
| Y | F | R | L | | | | | |

L I F T M A Y O R

| | W | A | R | T | S | | | |
|---|---|---|---|---|---|---|---|---|
| | T | | S | | | | | |
| | | | | | | W | | |
| T | C | | | | | | | U |
| E | R | S | | | | C | A | K |
| W | | | | | | E | | S |
| | S | | | | | | | |
| | | | W | | | K | | |
| | | R | K | T | A | U | | |

C U K E W A R T S

1 1 1

|   |   | M | Y |   | H | E | R | O |
|---|---|---|---|---|---|---|---|---|
|   | I |   |   |   |   | Y |   |   |
|   |   |   |   |   | R |   | B |   |
| T |   |   |   |   |   | M |   |   |
|   |   |   | B |   | T |   |   |   |
|   |   | I |   |   |   |   |   | H |
|   | Y |   | E |   |   |   |   |   |
|   |   | T |   |   |   |   | H |   |
| O | R | E | H |   | B | I |   |   |

**M Y H E R O B I T**

1 1 2

|   | F |   | R |   |   |   |   |   |
|---|---|---|---|---|---|---|---|---|
| S | U |   |   |   |   |   |   | O |
|   |   |   | N | O |   |   |   |   |
|   |   |   |   |   |   |   | A | F |
|   |   | I |   | E |   | O |   |   |
| A | E |   |   |   |   |   |   |   |
|   |   |   |   | N | A |   |   |   |
| O |   |   |   |   |   |   | U | R |
|   |   |   |   |   | I |   | S |   |

**F I R E O N U S A**

| | I | T | | E | M | | | |
|---|---|---|---|---|---|---|---|---|
| N | | | | | | M | | A |
| A | | | | | T | | | N |
| | T | | | M | | | A | |
| U | | | N | | | | | L |
| M | | A | | | | | | I |
| | | | L | U | | C | N | |
| | | | | | | | | |

**M A L E T U N I C**

| | P | | | | E | | | |
|---|---|---|---|---|---|---|---|---|
| R | | D | | | Z | | I | |
| A | | E | R | | | | | D |
| | | | T | R | | | | |
| | | R | | D | | Z | | |
| | | | E | O | | | | |
| O | | | | | I | A | | T |
| | A | | T | | | O | | P |
| | | T | | | | E | | |

**Z A P E D I T O R**

## 115

| T | O |   |   | I |   |   |   | P |
|---|---|---|---|---|---|---|---|---|
|   | G |   |   | O | Y |   |   |   |
| I |   |   | R |   |   | T |   |   |
|   |   | C |   | Y | O |   |   |   |
|   |   |   |   |   |   |   |   |   |
|   | G | H |   | I |   |   |   |   |
|   | P |   |   | G |   |   |   | T |
|   | T | Y |   |   |   | O |   |   |
| G |   |   | R |   |   |   | I | H |

**G O T C H I R P Y**

## 116

|   | Y |   |   | O |   |   |   |   |
|---|---|---|---|---|---|---|---|---|
|   | G | A | L |   | D |   |   |   |
|   |   | F |   |   | Y |   |   | A |
|   | R |   |   |   | Y |   |   |   |
|   | F |   | N | G |   | D |   |   |
|   |   | D |   |   |   | R |   |   |
| Y |   |   | O |   | D |   |   |   |
|   |   |   | D | F | O | G |   |   |
|   |   |   | L |   |   | N |   |   |

**F L O G R A N D Y**

**117**

|   |   |   | E | V | O |   |   |   |
|---|---|---|---|---|---|---|---|---|
| V |   |   | N | O |   | I |   |   |
| C |   |   |   |   |   |   |   | S |
|   | T | O |   |   |   | E |   | I |
|   |   |   |   |   |   |   |   |   |
| I |   | V |   |   |   | C | R |   |
| E |   |   |   |   |   |   |   | R |
|   | N |   | I |   | E |   |   | T |
|   |   | R | V | O |   |   |   |   |

**C O V E R T I N S**

**118**

|   |   |   | S |   |   |   | E | O |
|---|---|---|---|---|---|---|---|---|
| I | L |   |   | M |   |   |   |   |
|   |   |   |   | Y |   |   |   |   |
| Y |   |   | L |   |   |   |   |   |
|   |   | N | M |   | I |   |   |   |
|   |   |   |   | I |   |   |   | S |
|   |   | M |   |   |   |   |   |   |
|   |   |   | O |   |   |   | N | Y |
| S | T |   |   | Y |   |   |   |   |

**M O N E Y L I S T**

| I |   |   | A |   |   |   |   | N |
|---|---|---|---|---|---|---|---|---|
| N |   |   |   | E | S | M | A |   |
|   |   |   |   | I | S |   |   |   |
|   | M |   |   |   |   | U | S |   |
|   |   |   | R |   |   |   |   |   |
|   | E | A |   |   |   |   | T |   |
|   |   | T | I |   |   |   |   |   |
|   | R | E | T | N |   |   |   | S |
| M |   |   |   |   | R |   |   | T |

**R E S U I T M A N**

| S | A | M |   |   | U |   |   |   |
|---|---|---|---|---|---|---|---|---|
|   |   |   | I |   |   |   |   |   |
|   | U |   |   | A | M |   |   | D |
| E |   |   |   |   |   | I |   |   |
| I |   |   |   | R |   |   |   | N |
|   |   | U |   |   |   |   |   | R |
| U |   |   | D | N |   |   | A |   |
|   |   |   |   |   | E |   |   |   |
|   |   |   | M |   |   | N | D | U |

**I M A S U N D E R**

1
2
1

| | | | | | | | | |
|---|---|---|---|---|---|---|---|---|
| | | | | | | T | | |
| | | | | | H | C | A | |
| | | E | | D | | | | |
| | | M | T | | | | U | |
| | C | | | | | | D | |
| | T | | | | S | H | | |
| | | | | C | | D | | |
| | M | U | E | | | | | |
| | | A | | | | | | |

| | | | | | | | | |
|---|---|---|---|---|---|---|---|---|
| U | S | E | D | M | A | T | C | H |

1
2
2

| | | | | | | | | |
|---|---|---|---|---|---|---|---|---|
| | | R | | | C | L | U | E |
| | | | | | | O | | |
| | | | L | | | | | |
| | | | | R | | | D | |
| E | N | | | U | | | C | O |
| | D | | | E | | | | |
| | | | | | N | | | |
| | | S | | | | | | |
| C | L | U | E | | | S | | |

| | | | | | | | | |
|---|---|---|---|---|---|---|---|---|
| C | O | L | D | N | U | R | S | E |

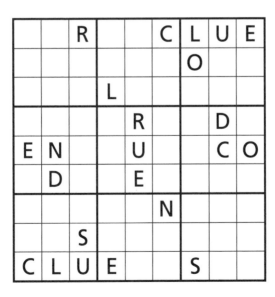

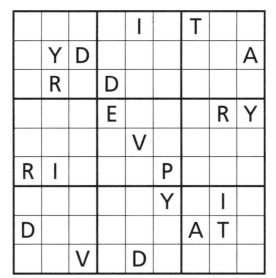

## Grid 1 (clues 1, 2, 3)

| E |   |   | U |   | N |   |   | C |
|---|---|---|---|---|---|---|---|---|
| N |   | I |   |   | E |   |   | O |
|   |   |   |   |   |   |   |   | D |
|   | T |   |   |   |   | D |   | U |
|   |   |   |   | A |   |   |   |   |
| I |   | A |   |   |   |   | N |   |
| D |   |   |   |   |   |   |   |   |
| T |   |   | N |   |   | U |   | A |
| U |   |   | I |   | C |   |   | N |

**A U D I T O N C E**

## Grid 2 (clues 1, 2, 4)

|   |   |   |   | I |   | T |   |   |
|---|---|---|---|---|---|---|---|---|
|   | Y | D |   |   |   |   |   | A |
|   | R |   | D |   |   |   |   |   |
|   |   |   | E |   |   |   | R | Y |
|   |   |   |   | V |   |   |   |   |
| R | I |   |   |   | P |   |   |   |
|   |   |   |   |   | Y |   | I |   |
| D |   |   |   |   |   | A | T |   |
|   |   | V |   | D |   |   |   |   |

**P A R T Y D I V E**

Puzzle 125:

| C |   |   |   |   |   |   |   |   |
|---|---|---|---|---|---|---|---|---|
|   | U | T |   |   |   |   | D | P |
|   |   | A |   |   | L |   |   |   |
|   |   | E | P | T |   |   |   |   |
| A |   |   |   | C |   |   |   | D |
|   |   |   | A | I | L |   |   |   |
|   |   |   | D |   |   | U |   |   |
| I | T |   |   |   | C |   | E |   |
|   |   |   |   |   |   |   |   | L |

**T E A C U P L I D**

Puzzle 126:

|   | S |   |   |   |   |   |   | T |
|---|---|---|---|---|---|---|---|---|
|   |   |   | D | N |   |   |   |   |
|   | U |   | T |   |   | A |   |   |
| C |   |   |   | I |   | N |   | O |
|   |   |   |   |   |   |   |   |   |
| A |   | N | S |   |   |   |   | I |
|   |   | C |   |   | I |   | N |   |
|   |   |   |   | C | A |   |   |   |
| I |   |   |   |   |   |   | D |   |

**A D I S C O U N T**

## Puzzle 127

| E |   |   |   |   | P | U |   |   |
|---|---|---|---|---|---|---|---|---|
| R |   |   |   |   |   |   |   |   |
|   |   | B |   |   | L |   |   |   |
|   | U |   | I |   | T |   |   |   |
| T |   |   | N |   |   |   |   | L |
|   | L |   | B |   | E |   |   |   |
|   | E |   |   | U |   |   |   |   |
|   |   |   |   |   |   |   |   | I |
|   |   | B | L |   |   |   |   | R |

**T R I P L E B U N**

## Puzzle 128

|   |   | T | H | I | C | K |   |   |
|---|---|---|---|---|---|---|---|---|
|   |   |   |   |   |   |   |   |   |
|   | N | K |   |   |   |   |   | C |
|   |   |   | C | G |   |   | N | V |
|   |   |   |   |   |   |   |   |   |
| T | E |   |   | N | I |   |   |   |
| K |   |   |   |   |   | I | E |   |
|   |   |   |   |   |   |   |   |   |
|   |   | V | E | K | T | G |   |   |

**I N C H K E G T V**

**129**

| | | H | | | | | U | T |
|---|---|---|---|---|---|---|---|---|
| | | E | | | | O | | |
| | | P | | S | | | | |
| U | S | | | | | | | E |
| | | | | H | | | | |
| L | | | | | | | S | P |
| | | | | R | | L | | |
| | | O | | | S | | | |
| E | L | | | | | U | | |

**P R O S L E U T H**

**130**

| A | | I | | | H | | | |
|---|---|---|---|---|---|---|---|---|
| | P | | | | | D | I | |
| | | | | P | | S | | |
| S | | | | | D | | | P |
| | | D | | | | A | | |
| I | | | C | | | | | O |
| | | O | | I | | | | |
| | C | H | | | | | R | |
| | | | R | | | P | | C |

**P O R C H A I D S**

|   |   |   |   | G |   | L | U |   |
|---|---|---|---|---|---|---|---|---|
|   |   | E |   |   | H |   |   |   |
|   |   | L |   | U |   |   |   | E |
|   | G | A |   |   |   |   |   | R |
| R |   |   |   |   |   |   |   | L |
| S |   |   |   |   |   | T | G |   |
| H |   |   |   | A |   | G |   |   |
|   |   |   | E |   |   | R |   |   |
|   | U | T |   | S |   |   |   |   |

| H | U | G | A | L | E | R | T | S |
|---|---|---|---|---|---|---|---|---|

|   | T |   | S |   |   | N |   | R |
|---|---|---|---|---|---|---|---|---|
|   | E | A |   | T |   |   |   | U |
|   |   |   |   |   |   |   | E |   |
|   | A |   |   | U | E |   |   |   |
|   |   |   |   |   |   |   |   |   |
|   |   |   | T | G |   |   | S |   |
|   | N |   |   |   |   |   |   |   |
| E |   |   |   | N |   | G | U |   |
| U |   | R |   |   | I |   | N |   |

| A | I | R | G | U | N | S | E | T |
|---|---|---|---|---|---|---|---|---|

Puzzle 133

| | I | | | | | | U | |
|---|---|---|---|---|---|---|---|---|
| | | | | | C | | T | |
| U | | | | | | M | | C |
| | | M | U | | B | | C | |
| T | A | | I | | R | | M | E |
| | C | | A | | M | B | | |
| A | | E | | | | | | I |
| | M | | C | | | | | |
| | T | | | | | | A | |

T U B A C R I M E

Puzzle 134

| R | N | | I | M | | | | |
|---|---|---|---|---|---|---|---|---|
| | | | | | | | | |
| | I | S | | G | N | | M | |
| | | | | S | G | | R | |
| | T | A | | | | G | H | |
| | R | | T | N | | | | |
| | G | | R | A | | M | I | |
| | | | | | | | | |
| | | | | I | M | | T | R |

N I G H T A R M S

73

**Puzzle 135**

| G | L | U | E |   |   |   |   |
|---|---|---|---|---|---|---|---|
|   |   |   |   |   |   |   |   |
|   |   | N |   |   | S | G | A |
|   | S |   |   |   | L |   | I |
|   |   | I |   | N |   | A |   |
| N |   | E |   |   | A |   |   |
| E | A | G |   | S |   |   |   |
|   |   |   |   |   |   |   |   |
|   |   |   |   | U | E | I | S |

| G | U | N | A | I | S | L | E | ? |
|---|---|---|---|---|---|---|---|---|

**Puzzle 136**

|   | U |   | Y |   | T |   | V |   |
|---|---|---|---|---|---|---|---|---|
| T |   |   |   | U |   |   | O |   |
|   |   | Y |   |   |   |   |   | U |
|   | N | R |   |   |   |   |   |   |
| O |   |   |   |   |   |   |   | Y |
|   |   |   |   |   |   | L | T |   |
| R |   |   |   |   |   | O |   |   |
|   | Y |   |   | N |   |   |   | L |
|   | T |   | R |   | V |   | Y |   |

| T | R | U | L | Y | V | O | N | ? |
|---|---|---|---|---|---|---|---|---|

| E |   | D |   |   | U |   |   |   |
|---|---|---|---|---|---|---|---|---|
| T | L |   |   |   | E |   | P | I |
|   |   |   |   |   | U |   |   |   |
| D | E |   |   |   |   |   |   |   |
| P |   |   |   | D |   |   |   | A |
|   |   |   |   |   |   |   | I | T |
|   |   | A |   |   |   |   |   |   |
| L | U |   | I |   |   |   | A | P |
|   |   |   | U |   |   | T |   | D |

| T | I | E | U | P | L | A | D | ? |
|---|---|---|---|---|---|---|---|---|

| D | P |   |   |   |   |   |   | L |
|---|---|---|---|---|---|---|---|---|
|   | L |   | A | D |   | S |   |   |
|   |   |   | P |   |   | R |   |   |
| Y |   |   |   |   | R |   |   |   |
|   | R |   |   |   |   |   | A |   |
|   |   |   | Y |   |   |   |   | W |
|   |   | R |   |   | L |   |   |   |
|   |   | D |   | S | A |   | W |   |
| A |   |   |   |   |   |   | P | D |

| S | P | Y | D | R | A | W | L | ? |
|---|---|---|---|---|---|---|---|---|

75

1
3
9

| A |   |   | R | P |   |   |   |   |
|---|---|---|---|---|---|---|---|---|
|   | D |   |   | O | E |   |   | P |
|   | R | E |   |   |   |   |   |   |
| D |   |   | P |   |   |   |   |   |
|   |   | R | T |   | D | N |   |   |
|   |   |   |   | A |   |   |   | D |
|   |   |   |   |   |   | O | P |   |
| E |   |   | A | P |   |   | D |   |
|   |   |   | E |   | N |   |   | A |

**PRONATED ?**

1
4
0

| S | L |   | O |   |   |   |   |   |
|---|---|---|---|---|---|---|---|---|
|   |   |   |   | E |   |   |   |   |
| P |   |   |   | L |   | O |   | R |
| A | E | S |   |   |   | P |   |   |
|   |   |   |   |   |   |   |   |   |
|   | R |   |   |   |   | H | L | A |
| R |   | L |   | O |   |   |   | S |
|   |   |   |   | H |   |   |   |   |
|   |   |   |   | A |   | H | P |   |

**REAL POSH ?**

|   |   |   |   |   |   |   | L | S |
|---|---|---|---|---|---|---|---|---|
|   |   |   | N | E |   |   | O |   |
| R | E |   |   |   |   | I |   |   |
|   |   |   | V |   |   | S |   |   |
| S |   |   | I |   | L |   |   | R |
|   |   | E | R |   |   |   |   |   |
|   |   | O |   |   |   |   | V | L |
|   | N |   | V | S |   |   |   |   |
| V | I |   |   |   |   |   |   |   |

| S | N | I | V | E | L | O | R | ? |
|---|---|---|---|---|---|---|---|---|

| R |   |   | N | I |   |   | S |   |
|---|---|---|---|---|---|---|---|---|
|   | I |   |   |   | O |   |   |   |
|   |   |   | E | U | C |   |   |   |
|   |   |   | S |   |   | U |   |   |
|   | E |   |   | O |   |   | N |   |
|   |   | I |   |   | R |   |   |   |
|   |   | O | U | N |   |   |   |   |
|   |   |   | C |   |   |   | R |   |
|   | U |   |   | R | S |   |   | E |

| C | O | I | N | S | U | R | E | ? |
|---|---|---|---|---|---|---|---|---|

|   |   | O |   |   | F |   |   |
|---|---|---|---|---|---|---|---|
|   | T |   |   |   |   | E | I |
| R |   |   | G | E |   |   |   |
|   |   |   |   | I |   | F | E |
|   | S |   |   | O |   |   | R |
| O | F |   |   | G |   |   |   |
|   |   |   | S | I |   |   | T |
| G |   | T |   |   |   | I |   |
|   |   |   | O |   | F |   |   |

| T | I | G | E | R | S | O | F | ? |
|---|---|---|---|---|---|---|---|---|

| S |   |   |   |   |   | T |   |
|---|---|---|---|---|---|---|---|
|   | M | N |   | T | S |   |   |
|   | T |   |   | M |   | O | R |
|   |   |   | S |   | R | I | E |
|   |   | S |   |   |   | R |   |
|   | I | O | T |   | E |   |   |
| T | N |   |   | I |   | R |   |
|   |   | I |   | S |   | O | N |
|   |   | M |   |   |   |   | I |

| T | I | M | E | R | S | O | N | ? |
|---|---|---|---|---|---|---|---|---|

**1**

| | | | | | | | | |
|---|---|---|---|---|---|---|---|---|
| I | M | V | A | E | C | O | W | R |
| O | R | E | W | M | I | V | C | A |
| W | C | A | O | R | V | M | E | I |
| V | A | I | M | C | O | E | R | W |
| E | W | M | I | V | R | C | A | O |
| C | O | R | E | W | A | I | M | V |
| R | V | O | C | A | E | W | I | M |
| M | I | C | R | O | W | A | V | E |
| A | E | W | V | I | M | R | O | C |

**2**

| | | | | | | | | |
|---|---|---|---|---|---|---|---|---|
| I | T | S | Y | O | E | C | N | B |
| O | C | E | N | B | I | T | S | Y |
| N | B | Y | T | S | C | O | E | I |
| Y | N | B | S | C | T | E | I | O |
| S | O | T | I | E | Y | B | C | N |
| C | E | I | O | N | B | S | Y | T |
| B | S | N | C | I | O | Y | T | E |
| E | Y | C | B | T | N | I | O | S |
| T | I | O | E | Y | S | N | B | C |

**3**

| | | | | | | | | |
|---|---|---|---|---|---|---|---|---|
| Y | G | I | B | A | R | H | O | P |
| H | B | A | Y | O | P | I | R | G |
| R | O | P | H | I | G | B | Y | A |
| P | A | Y | I | H | O | G | B | R |
| B | I | O | G | R | A | P | H | Y |
| G | R | H | P | B | Y | A | I | O |
| O | P | B | R | G | H | Y | A | I |
| A | H | G | O | Y | I | R | P | B |
| I | Y | R | A | P | B | O | G | H |

**4**

| | | | | | | | | |
|---|---|---|---|---|---|---|---|---|
| P | L | A | Y | S | M | E | B | H |
| S | Y | B | E | H | A | P | L | M |
| M | E | H | B | P | L | S | A | Y |
| E | A | L | P | M | H | Y | S | B |
| B | H | M | L | Y | S | A | P | E |
| Y | P | S | A | B | E | M | H | L |
| H | S | Y | M | A | B | L | E | P |
| L | B | P | S | E | Y | H | M | A |
| A | M | E | H | L | P | B | Y | S |

**5**

| | | | | | | | | |
|---|---|---|---|---|---|---|---|---|
| O | F | Y | B | J | I | T | E | C |
| B | C | I | T | Y | E | F | O | J |
| J | E | T | C | O | F | Y | B | I |
| E | B | F | I | C | J | O | Y | T |
| C | Y | J | F | T | O | B | I | E |
| T | I | O | Y | E | B | J | C | F |
| I | J | B | O | F | C | E | T | Y |
| F | T | C | E | B | Y | I | J | O |
| Y | O | E | J | I | T | C | F | B |

**6**

| | | | | | | | | |
|---|---|---|---|---|---|---|---|---|
| B | I | G | E | F | U | N | R | O |
| N | U | O | I | R | G | E | B | F |
| E | R | F | N | O | B | G | U | I |
| I | E | N | F | B | O | R | G | U |
| G | B | R | U | E | I | O | F | N |
| F | O | U | G | N | R | B | I | E |
| U | N | B | O | G | F | I | E | R |
| O | G | I | R | U | E | F | N | B |
| R | F | E | B | I | N | U | O | G |

**7**

| | | | | | | | | |
|---|---|---|---|---|---|---|---|---|
| L | B | N | I | G | T | C | H | U |
| C | T | U | N | L | H | I | B | G |
| G | H | I | B | C | U | T | N | L |
| T | L | H | U | B | G | N | I | C |
| B | U | C | L | I | N | G | T | H |
| N | I | G | H | T | C | L | U | B |
| I | N | B | G | U | L | H | C | T |
| H | G | T | C | N | B | U | L | I |
| U | C | L | T | H | I | B | G | N |

**8**

| | | | | | | | | |
|---|---|---|---|---|---|---|---|---|
| V | A | P | O | R | I | Z | E | D |
| I | E | Z | D | V | P | R | A | O |
| R | O | D | Z | A | E | V | I | P |
| P | R | O | V | E | Z | A | D | I |
| A | V | E | I | O | D | P | Z | R |
| D | Z | I | A | P | R | O | V | E |
| E | I | A | P | Z | O | D | R | V |
| Z | P | R | E | D | V | I | O | A |
| O | D | V | R | I | A | E | P | Z |

**9**

| | | | | | | | | |
|---|---|---|---|---|---|---|---|---|
| S | T | A | C | K | P | I | L | E |
| K | C | I | A | E | L | S | P | T |
| E | P | L | T | S | I | A | K | C |
| P | S | E | L | I | T | K | C | A |
| T | L | C | E | A | K | P | I | S |
| I | A | K | S | P | C | E | T | L |
| C | E | P | I | T | S | L | A | K |
| A | K | T | P | L | E | C | S | I |
| L | I | S | K | C | A | T | E | P |

**10**

| | | | | | | | | |
|---|---|---|---|---|---|---|---|---|
| F | L | E | A | S | K | W | O | N |
| W | S | O | E | N | L | K | F | A |
| A | K | N | W | O | F | E | S | L |
| E | F | A | O | W | S | L | N | K |
| S | N | L | K | F | E | A | W | O |
| K | O | W | N | L | A | F | E | S |
| O | W | F | L | A | N | S | K | E |
| L | E | S | F | K | O | N | A | W |
| N | A | K | S | E | W | O | L | F |

**11**

| | | | | | | | | |
|---|---|---|---|---|---|---|---|---|
| M | A | D | H | P | Y | C | R | E |
| R | E | C | M | A | D | H | Y | P |
| P | H | Y | E | C | R | M | A | D |
| D | Y | P | A | H | E | R | C | M |
| C | M | H | R | Y | P | D | E | A |
| A | R | E | C | D | M | P | H | Y |
| H | D | M | Y | E | C | A | P | R |
| Y | P | A | D | R | H | E | M | C |
| E | C | R | P | M | A | Y | D | H |

**12**

| | | | | | | | | |
|---|---|---|---|---|---|---|---|---|
| L | T | H | B | R | A | I | N | Y |
| A | N | Y | H | T | I | R | B | L |
| B | I | R | L | N | Y | A | H | T |
| Y | L | B | I | A | R | N | T | H |
| R | H | N | Y | L | T | B | I | A |
| I | A | T | N | B | H | Y | L | R |
| N | R | I | T | Y | L | H | A | B |
| T | B | A | R | H | N | L | Y | I |
| H | Y | L | A | I | B | T | R | N |

**13**

| | | | | | | | | |
|---|---|---|---|---|---|---|---|---|
| A | R | S | O | L | V | E | M | U |
| V | M | O | R | U | E | S | A | L |
| U | E | L | S | A | M | O | R | V |
| L | S | E | A | M | O | U | V | R |
| M | O | V | L | R | U | A | E | S |
| R | U | A | V | E | S | M | L | O |
| S | L | U | M | V | A | R | O | E |
| O | V | M | E | S | R | L | U | A |
| E | A | R | U | O | L | V | S | M |

**14**

| | | | | | | | | |
|---|---|---|---|---|---|---|---|---|
| B | A | K | E | U | T | C | W | H |
| U | H | W | K | C | B | E | T | A |
| C | T | E | H | A | W | K | B | U |
| K | E | C | T | H | U | W | A | B |
| W | B | T | C | E | A | H | U | K |
| H | U | A | B | W | K | T | E | C |
| E | K | U | A | T | H | B | C | W |
| A | C | B | W | K | E | U | H | T |
| T | W | H | U | B | C | A | K | E |

**15**

| | | | | | | | | |
|---|---|---|---|---|---|---|---|---|
| A | R | G | L | I | T | C | H | E |
| H | T | C | E | G | A | I | R | L |
| I | L | E | R | H | C | T | A | G |
| L | E | T | H | A | R | G | I | C |
| R | G | A | C | L | I | E | T | H |
| C | H | I | T | E | G | R | L | A |
| G | I | H | A | T | E | L | C | R |
| E | A | R | I | C | L | H | G | T |
| T | C | L | G | R | H | A | E | I |

**16**

| | | | | | | | | |
|---|---|---|---|---|---|---|---|---|
| C | L | A | M | Y | D | I | P | O |
| P | O | I | A | L | C | D | Y | M |
| Y | D | M | P | I | O | C | A | L |
| I | C | L | O | D | Y | P | M | A |
| M | Y | D | C | P | A | L | O | I |
| A | P | O | I | M | L | Y | D | C |
| D | I | P | L | O | M | A | C | Y |
| L | M | C | Y | A | P | O | I | D |
| O | A | Y | D | C | I | M | L | P |

**17**

| A | M | N | U | L | I | B | H | T |
|---|---|---|---|---|---|---|---|---|
| T | H | U | M | B | N | A | I | L |
| B | I | L | T | H | A | N | U | M |
| I | A | M | L | N | H | U | T | B |
| U | N | T | B | A | M | I | L | H |
| H | L | B | I | T | U | M | A | N |
| M | U | H | N | I | T | L | B | A |
| L | T | I | A | M | B | H | N | U |
| N | B | A | H | U | L | T | M | I |

**18**

| S | E | U | A | J | H | O | L | I |
|---|---|---|---|---|---|---|---|---|
| I | L | O | S | E | U | J | H | A |
| A | H | J | O | L | I | S | E | U |
| O | U | H | J | S | E | A | I | L |
| J | A | I | L | H | O | U | S | E |
| L | S | E | U | I | A | H | J | O |
| H | I | A | E | O | S | L | U | J |
| U | J | S | I | A | L | E | O | H |
| E | O | L | H | U | J | I | A | S |

**19**

| C | A | N | D | L | E | H | T | O |
|---|---|---|---|---|---|---|---|---|
| T | D | E | N | H | O | C | L | A |
| H | L | O | C | A | T | E | N | D |
| A | N | L | H | E | D | O | C | T |
| E | H | D | T | O | C | N | A | L |
| O | C | T | L | N | A | D | H | E |
| N | T | H | O | D | L | A | E | C |
| D | E | C | A | T | H | L | O | N |
| L | O | A | E | C | N | T | D | H |

**20**

| M | Y | I | S | Z | L | E | B | O |
|---|---|---|---|---|---|---|---|---|
| E | O | S | Y | I | B | Z | M | L |
| L | B | Z | M | E | O | Y | I | S |
| I | S | E | B | M | Z | L | O | Y |
| Y | L | B | O | S | E | I | Z | M |
| Z | M | O | L | Y | I | B | S | E |
| O | Z | Y | I | L | S | M | E | B |
| B | E | M | Z | O | Y | S | L | I |
| S | I | L | E | B | M | O | Y | Z |

**21**

| T | R | Y | S | M | E | I | H | C |
|---|---|---|---|---|---|---|---|---|
| S | M | H | C | T | I | E | Y | R |
| I | E | C | H | R | Y | S | M | T |
| C | H | E | M | I | S | T | R | Y |
| Y | I | M | T | C | R | H | S | E |
| R | T | S | Y | E | H | M | C | I |
| M | C | R | E | H | T | Y | I | S |
| H | Y | T | I | S | C | R | E | M |
| E | S | I | R | Y | M | C | T | H |

**22**

| M | L | U | T | I | H | E | C | N |
|---|---|---|---|---|---|---|---|---|
| T | N | E | U | M | C | H | I | L |
| H | C | I | L | N | E | U | T | M |
| I | T | M | E | C | U | N | L | H |
| U | H | L | M | T | N | C | E | I |
| N | E | C | H | L | I | M | U | T |
| E | M | H | I | U | L | T | N | C |
| C | I | T | N | E | M | L | H | U |
| L | U | N | C | H | T | I | M | E |

**23**

| C | O | R | P | U | L | E | N | T |
|---|---|---|---|---|---|---|---|---|
| U | N | T | E | C | R | L | O | P |
| E | L | P | O | T | N | R | C | U |
| N | U | L | T | R | O | P | E | C |
| O | R | E | L | P | C | U | T | N |
| P | T | C | U | N | E | O | R | L |
| R | P | N | C | E | U | T | L | O |
| T | C | O | R | L | P | N | U | E |
| L | E | U | N | O | T | C | P | R |

**24**

| L | Z | E | R | O | I | H | T | K |
|---|---|---|---|---|---|---|---|---|
| H | T | K | L | E | Z | R | O | I |
| O | I | R | H | T | K | E | Z | L |
| E | K | H | Z | R | L | T | I | O |
| T | R | L | O | I | E | Z | K | H |
| I | O | Z | K | H | T | L | R | E |
| K | H | T | E | Z | O | I | L | R |
| Z | E | O | I | L | R | K | H | T |
| R | L | I | T | K | H | O | E | Z |

81

**25**

| H | T | O | A | K | C | P | W | R |
| C | P | A | W | T | R | H | K | O |
| W | R | K | O | P | H | T | A | C |
| O | H | C | P | A | K | R | T | W |
| A | W | P | R | C | T | K | O | H |
| T | K | R | H | W | O | A | C | P |
| R | C | H | K | O | A | W | P | T |
| P | A | T | C | H | W | O | R | K |
| K | O | W | T | R | P | C | H | A |

**26**

| E | G | C | O | J | T | U | N | A |
| T | J | O | N | A | U | G | E | C |
| A | U | N | E | G | C | J | T | O |
| C | E | J | G | T | N | O | A | U |
| O | A | U | C | E | J | N | G | T |
| N | T | G | A | U | O | C | J | E |
| U | N | A | T | O | G | E | C | J |
| G | O | T | J | C | E | A | U | N |
| J | C | E | U | N | A | T | O | G |

**27**

| G | O | A | N | U | T | S | H | L |
| U | N | H | A | S | L | O | G | T |
| L | S | T | H | O | G | U | N | A |
| S | L | G | T | A | U | N | O | H |
| H | A | N | S | G | O | T | L | U |
| T | U | O | L | H | N | G | A | S |
| N | G | S | U | L | H | A | T | O |
| O | H | U | G | T | A | L | S | N |
| A | T | L | O | N | S | H | U | G |

**28**

| G | R | I | N | D | E | H | U | M |
| N | D | E | M | U | H | R | G | I |
| U | M | H | R | G | I | D | N | E |
| E | I | D | G | R | U | N | M | H |
| R | G | N | E | H | M | I | D | U |
| H | U | M | D | I | N | G | E | R |
| M | E | G | H | N | R | U | I | D |
| D | H | U | I | E | G | M | R | N |
| I | N | R | U | M | D | E | H | G |

**29**

| D | V | R | Y | E | S | I | C | O |
| I | Y | O | R | V | C | D | E | S |
| S | C | E | D | I | O | R | V | Y |
| C | S | D | V | R | Y | O | I | E |
| O | R | Y | E | C | I | V | S | D |
| V | E | I | S | O | D | Y | R | C |
| E | I | C | O | Y | R | S | D | V |
| R | O | S | C | D | V | E | Y | I |
| Y | D | V | I | S | E | C | O | R |

**30**

| R | B | L | O | V | E | D | A | U |
| V | U | O | R | D | A | B | E | L |
| A | E | D | B | L | U | R | V | O |
| B | O | U | L | E | V | A | R | D |
| L | D | R | U | A | B | V | O | E |
| E | V | A | D | O | R | L | U | B |
| O | L | V | A | U | D | E | B | R |
| D | R | E | V | B | O | U | L | A |
| U | A | B | E | R | L | O | D | V |

**31**

| M | O | U | S | E | D | I | Q | T |
| I | D | E | Q | T | M | U | O | S |
| S | T | Q | U | I | O | M | E | D |
| Q | I | D | E | S | U | T | M | O |
| U | S | T | O | M | Q | D | I | E |
| O | E | M | I | D | T | S | U | Q |
| T | Q | O | M | U | S | E | D | I |
| E | U | S | D | Q | I | O | T | M |
| D | M | I | T | O | E | Q | S | U |

**32**

| N | J | I | A | C | B | L | U | E |
| C | U | A | L | E | J | B | I | N |
| E | B | L | U | N | I | A | C | J |
| J | I | C | B | A | N | E | L | U |
| U | L | E | I | J | C | N | B | A |
| B | A | N | E | U | L | C | J | I |
| A | N | J | C | L | U | I | E | B |
| I | C | U | N | B | E | J | A | L |
| L | E | B | J | I | A | U | N | C |

**33**

| O | U | N | I | C | E | F | R | G |
|---|---|---|---|---|---|---|---|---|
| I | C | R | F | O | G | U | N | E |
| E | G | F | R | N | U | O | I | C |
| G | O | C | E | F | R | N | U | I |
| R | F | U | C | I | N | G | E | O |
| N | I | E | U | G | O | R | C | F |
| F | N | I | G | U | C | E | O | R |
| U | E | G | O | R | I | C | F | N |
| C | R | O | N | E | F | I | G | U |

**34**

| C | U | R | L | Y | I | A | H | D |
|---|---|---|---|---|---|---|---|---|
| H | Y | D | R | A | U | L | I | C |
| L | I | A | D | C | H | R | Y | U |
| I | L | U | Y | H | A | D | C | R |
| D | H | Y | U | R | C | I | L | A |
| R | A | C | I | L | D | H | U | Y |
| U | C | I | H | D | R | Y | A | L |
| Y | D | H | A | U | L | C | R | I |
| A | R | L | C | I | Y | U | D | H |

**35**

| L | A | M | P | Y | R | N | O | U |
|---|---|---|---|---|---|---|---|---|
| R | Y | N | U | O | A | M | P | L |
| P | O | U | L | N | M | A | Y | R |
| N | L | R | M | P | Y | U | A | O |
| U | P | Y | O | A | L | R | M | N |
| O | M | A | N | R | U | P | L | Y |
| M | R | L | A | U | O | Y | N | P |
| Y | N | O | R | M | P | L | U | A |
| A | U | P | Y | L | N | O | R | M |

**36**

| I | N | D | A | R | E | V | U | L |
|---|---|---|---|---|---|---|---|---|
| E | R | V | L | D | U | A | N | I |
| L | A | U | I | N | V | D | R | E |
| N | D | E | V | A | R | L | I | U |
| R | I | A | N | U | L | E | V | D |
| U | V | L | E | I | D | R | A | N |
| A | U | R | D | E | N | I | L | V |
| D | L | N | R | V | I | U | E | A |
| V | E | I | U | L | A | N | D | R |

**37**

| C | A | L | T | S | O | N | I | G |
|---|---|---|---|---|---|---|---|---|
| S | I | T | L | G | N | O | A | C |
| O | G | N | A | I | C | S | T | L |
| A | O | G | I | C | L | T | S | N |
| N | L | S | G | O | T | A | C | I |
| I | T | C | N | A | S | L | G | O |
| T | C | I | O | L | A | G | N | S |
| L | S | A | C | N | G | I | O | T |
| G | N | O | S | T | I | C | L | A |

**38**

| Z | I | A | R | E | U | H | O | T |
|---|---|---|---|---|---|---|---|---|
| E | R | U | H | O | T | Z | I | A |
| H | O | T | I | A | Z | E | U | R |
| T | E | H | A | R | I | O | Z | U |
| U | Z | O | T | H | E | A | R | I |
| I | A | R | U | Z | O | T | H | E |
| A | U | I | O | T | H | R | E | Z |
| R | H | Z | E | I | A | U | T | O |
| O | T | E | Z | U | R | I | A | H |

**39**

| L | O | G | I | C | A | H | Y | R |
|---|---|---|---|---|---|---|---|---|
| A | Y | R | L | O | H | G | C | I |
| H | I | C | Y | R | G | L | A | O |
| O | L | I | G | A | R | C | H | Y |
| G | R | H | O | Y | C | A | I | L |
| C | A | Y | H | I | L | R | O | G |
| I | H | A | R | G | Y | O | L | C |
| Y | G | L | C | H | O | I | R | A |
| R | C | O | A | L | I | Y | G | H |

**40**

| L | N | H | I | R | A | Q | E | U |
|---|---|---|---|---|---|---|---|---|
| U | I | A | H | Q | E | L | R | N |
| E | Q | R | N | U | L | H | A | I |
| R | H | L | U | A | Q | I | N | E |
| N | A | E | R | L | I | U | Q | H |
| I | U | Q | E | H | N | A | L | R |
| A | E | U | L | I | R | N | H | Q |
| Q | R | I | A | N | H | E | U | L |
| H | L | N | Q | E | U | R | I | A |

**4 1**

| X | N | H | E | L | P | A | O | Y |
|---|---|---|---|---|---|---|---|---|
| O | Y | P | N | X | A | H | E | L |
| A | E | L | Y | H | O | P | X | N |
| P | A | N | O | E | X | Y | L | H |
| E | H | X | L | P | Y | N | A | O |
| L | O | Y | A | N | H | E | P | X |
| Y | L | E | X | A | N | O | H | P |
| H | X | O | P | Y | E | L | N | A |
| N | P | A | H | O | L | X | Y | E |

**4 2**

| H | A | C | K | E | R | B | N | M |
|---|---|---|---|---|---|---|---|---|
| R | N | K | B | M | H | E | C | A |
| M | B | E | A | C | N | R | K | H |
| B | E | N | C | H | M | A | R | K |
| A | K | H | E | R | B | N | M | C |
| C | R | M | N | K | A | H | E | B |
| N | H | R | M | A | K | C | B | E |
| K | C | B | H | N | E | M | A | R |
| E | M | A | R | B | C | K | H | N |

**4 3**

| S | N | R | Y | A | E | D | T | B |
|---|---|---|---|---|---|---|---|---|
| T | E | A | B | D | S | N | R | Y |
| B | Y | D | T | R | N | E | A | S |
| N | R | S | E | Y | A | B | D | T |
| D | T | B | S | N | R | Y | E | A |
| E | A | Y | D | B | T | R | S | N |
| Y | S | E | R | T | B | A | N | D |
| R | B | N | A | S | D | T | Y | E |
| A | D | T | N | E | Y | S | B | R |

**4 4**

| O | C | E | I | T | N | V | Y | X |
|---|---|---|---|---|---|---|---|---|
| I | V | Y | X | C | E | N | O | T |
| T | N | X | Y | O | V | E | C | I |
| X | E | O | T | V | C | Y | I | N |
| N | Y | T | O | X | I | C | E | V |
| V | I | C | E | N | Y | T | X | O |
| E | X | I | N | Y | T | O | V | C |
| Y | T | V | C | I | O | X | N | E |
| C | O | N | V | E | X | I | T | Y |

**4 5**

| P | Y | O | N | S | F | I | R | E |
|---|---|---|---|---|---|---|---|---|
| E | I | S | O | Y | R | P | F | N |
| R | N | F | I | E | P | Y | O | S |
| S | R | P | E | O | I | N | Y | F |
| O | E | Y | P | F | N | S | I | R |
| N | F | I | S | R | Y | O | E | P |
| I | S | R | F | N | O | E | P | Y |
| F | O | N | Y | P | E | R | S | I |
| Y | P | E | R | I | S | F | N | O |

**4 6**

| S | I | N | K | Q | D | C | A | U |
|---|---|---|---|---|---|---|---|---|
| K | C | Q | N | U | A | D | I | S |
| D | A | U | C | I | S | Q | K | N |
| U | Q | I | D | C | N | K | S | A |
| N | D | S | A | K | Q | I | U | C |
| C | K | A | I | S | U | N | Q | D |
| I | N | D | S | A | K | U | C | Q |
| Q | S | C | U | N | I | A | D | K |
| A | U | K | Q | D | C | S | N | I |

**4 7**

| G | C | A | T | N | R | I | E | M |
|---|---|---|---|---|---|---|---|---|
| R | E | T | G | I | M | A | C | N |
| I | N | M | E | C | A | G | T | R |
| M | T | R | I | E | N | C | G | A |
| A | I | N | C | M | G | E | R | T |
| E | G | C | A | R | T | N | M | I |
| C | R | E | M | A | I | T | N | G |
| N | A | G | R | T | E | M | I | C |
| T | M | I | N | G | C | R | A | E |

**4 8**

| O | N | T | R | A | C | K | S | L |
|---|---|---|---|---|---|---|---|---|
| A | L | S | O | T | K | N | C | R |
| R | K | C | S | N | L | O | T | A |
| L | A | K | T | R | N | C | O | S |
| T | C | O | A | L | S | R | K | N |
| S | R | N | K | C | O | L | A | T |
| K | T | A | L | O | R | S | N | C |
| C | O | R | N | S | T | A | L | K |
| N | S | L | C | K | A | T | R | O |

84

## 49

| G | S | T | E | A | U | M | R | N |
|---|---|---|---|---|---|---|---|---|
| E | U | M | N | S | R | T | G | A |
| R | A | N | G | T | M | E | U | S |
| N | T | U | R | G | A | S | M | E |
| S | E | R | M | U | T | A | N | G |
| M | G | A | S | E | N | R | T | U |
| A | R | G | U | M | E | N | S | T |
| T | N | S | A | R | G | U | E | M |
| U | M | E | T | N | S | G | A | R |

## 50

| N | L | H | B | O | Y | T | I | M |
|---|---|---|---|---|---|---|---|---|
| M | T | Y | N | L | I | O | B | H |
| O | B | I | M | T | H | L | Y | N |
| L | Y | T | I | H | B | M | N | O |
| B | I | M | O | N | T | H | L | Y |
| H | O | N | Y | M | L | B | T | I |
| Y | M | O | T | B | N | I | H | L |
| I | H | B | L | Y | O | N | M | T |
| T | N | L | H | I | M | Y | O | B |

## 51

| Z | D | I | E | R | N | A | O | M |
|---|---|---|---|---|---|---|---|---|
| O | E | M | I | A | Z | R | D | N |
| R | A | N | D | O | M | I | Z | E |
| A | O | E | M | I | D | Z | N | R |
| N | Z | D | R | E | A | M | I | O |
| I | M | R | Z | N | O | D | E | A |
| E | I | O | A | D | R | N | M | Z |
| M | N | A | O | Z | I | E | R | D |
| D | R | Z | N | M | E | O | A | I |

## 52

| N | L | M | T | A | E | I | O | U |
|---|---|---|---|---|---|---|---|---|
| I | O | U | L | N | M | E | T | A |
| A | T | E | O | I | U | N | M | L |
| O | E | I | M | U | L | A | N | T |
| L | U | T | N | O | A | M | E | I |
| M | N | A | I | E | T | L | U | O |
| T | A | O | E | M | I | U | L | N |
| U | M | N | A | L | O | T | I | E |
| E | I | L | U | T | N | O | A | M |

## 53

| I | C | N | L | O | T | U | M | S |
|---|---|---|---|---|---|---|---|---|
| S | O | U | I | M | N | T | L | C |
| T | L | M | C | U | S | O | I | N |
| L | U | I | T | N | C | M | S | O |
| C | M | T | O | S | L | I | N | U |
| O | N | S | M | I | U | C | T | L |
| U | I | L | S | C | M | N | O | T |
| N | S | O | U | T | I | L | C | M |
| M | T | C | N | L | O | S | U | I |

## 54

| A | S | T | I | H | N | D | F | R |
|---|---|---|---|---|---|---|---|---|
| R | F | N | T | S | D | I | H | A |
| H | D | I | R | F | A | S | T | N |
| N | T | D | H | R | S | F | A | I |
| S | R | F | A | N | I | H | D | T |
| I | A | H | F | D | T | N | R | S |
| T | N | A | D | I | F | R | S | H |
| D | H | S | N | A | R | T | I | F |
| F | I | R | S | T | H | A | N | D |

## 55

| H | U | G | S | J | E | I | P | D |
|---|---|---|---|---|---|---|---|---|
| P | E | D | G | U | I | H | J | S |
| J | I | S | H | D | P | U | G | E |
| I | S | U | D | G | H | J | E | P |
| G | H | P | I | E | J | S | D | U |
| D | J | E | P | S | U | G | I | H |
| S | D | I | E | H | G | P | U | J |
| U | P | H | J | I | D | E | S | G |
| E | G | J | U | P | S | D | H | I |

## 56

| C | E | R | S | V | N | A | U | O |
|---|---|---|---|---|---|---|---|---|
| A | O | U | R | C | E | S | N | V |
| V | S | N | O | U | A | C | E | R |
| E | V | A | C | N | S | O | R | U |
| R | U | S | E | O | V | N | A | C |
| N | C | O | A | R | U | E | V | S |
| U | N | E | V | S | O | R | C | A |
| O | A | C | U | E | R | V | S | N |
| S | R | V | N | A | C | U | O | E |

## 57

| U | D | W | F | L | O | E | N | R |
|---|---|---|---|---|---|---|---|---|
| O | R | L | N | D | E | W | F | U |
| N | F | E | W | R | U | L | D | O |
| D | L | F | U | O | N | R | W | E |
| R | E | U | L | F | W | N | O | D |
| W | O | N | D | E | R | F | U | L |
| L | U | D | R | N | F | O | E | W |
| F | W | O | E | U | L | D | R | N |
| E | N | R | O | W | D | U | L | F |

## 58

| I | S | B | N | A | M | T | E | R |
|---|---|---|---|---|---|---|---|---|
| E | M | R | I | B | T | S | A | N |
| N | T | A | E | R | S | M | B | I |
| T | R | I | B | M | N | A | S | E |
| A | E | N | S | T | R | B | I | M |
| M | B | S | A | E | I | R | N | T |
| B | A | T | M | N | E | I | R | S |
| R | I | E | T | S | B | N | M | A |
| S | N | M | R | I | A | E | T | B |

## 59

| S | I | E | U | O | P | T | M | R |
|---|---|---|---|---|---|---|---|---|
| T | U | R | I | S | M | E | P | O |
| O | P | M | E | R | T | I | S | U |
| R | T | U | P | I | E | S | O | M |
| I | M | P | O | T | S | U | R | E |
| E | S | O | R | M | U | P | I | T |
| U | R | S | M | E | I | O | T | P |
| M | E | T | S | P | O | R | U | I |
| P | O | I | T | U | R | M | E | S |

## 60

| C | O | N | S | T | A | B | L | E |
|---|---|---|---|---|---|---|---|---|
| L | S | A | C | B | E | O | N | T |
| T | B | E | N | O | L | A | C | S |
| N | A | S | O | C | T | E | B | L |
| O | C | L | A | E | B | S | T | N |
| E | T | B | L | N | S | C | A | O |
| S | N | T | B | A | O | L | E | C |
| B | E | O | T | L | C | N | S | A |
| A | L | C | E | S | N | T | O | B |

## 61

| T | O | W | E | D | B | U | N | S |
|---|---|---|---|---|---|---|---|---|
| D | N | E | S | W | U | T | B | O |
| B | U | S | N | T | O | E | W | D |
| E | S | T | U | O | W | B | D | N |
| N | W | B | D | E | S | O | U | T |
| U | D | O | T | B | N | W | S | E |
| S | B | U | O | N | T | D | E | W |
| O | E | N | W | U | D | S | T | B |
| W | T | D | B | S | E | N | O | U |

## 62

| A | H | B | W | T | O | K | C | R |
|---|---|---|---|---|---|---|---|---|
| C | R | W | K | H | B | O | A | T |
| T | O | K | C | R | A | W | H | B |
| W | B | T | H | O | R | C | K | A |
| K | A | O | T | W | C | B | R | H |
| R | C | H | A | B | K | T | W | O |
| O | W | C | B | A | H | R | T | K |
| B | K | A | R | C | T | H | O | W |
| H | T | R | O | K | W | A | B | C |

## 63

| U | O | C | E | N | I | T | R | D |
|---|---|---|---|---|---|---|---|---|
| R | E | D | U | C | T | O | I | N |
| I | N | T | R | O | D | U | C | E |
| E | T | N | C | I | U | R | D | O |
| C | D | I | O | E | R | N | U | T |
| O | U | R | T | D | N | I | E | C |
| D | R | E | N | U | O | C | T | I |
| N | I | U | D | T | C | E | O | R |
| T | C | O | I | R | E | D | N | U |

## 64

| U | Q | L | O | A | E | V | C | I |
|---|---|---|---|---|---|---|---|---|
| O | E | C | V | I | Q | U | L | A |
| A | I | V | L | C | U | E | Q | O |
| V | A | Q | E | L | I | C | O | U |
| E | O | U | C | Q | V | I | A | L |
| C | L | I | A | U | O | Q | V | E |
| L | U | A | I | V | C | O | E | Q |
| I | C | O | Q | E | A | L | U | V |
| Q | V | E | U | O | L | A | I | C |

## 65

| I | H | G | N | R | A | E | K | S |
|---|---|---|---|---|---|---|---|---|
| R | S | A | I | E | K | N | G | H |
| K | N | E | S | H | G | A | I | R |
| E | K | S | G | N | R | H | A | I |
| A | R | H | K | I | E | G | S | N |
| G | I | N | A | S | H | R | E | K |
| H | G | R | E | K | I | S | N | A |
| N | E | I | H | A | S | K | R | G |
| S | A | K | R | G | N | I | H | E |

## 66

| Y | E | O | H | P | T | R | I | C |
|---|---|---|---|---|---|---|---|---|
| T | P | R | E | I | C | O | Y | H |
| C | H | I | R | Y | O | E | P | T |
| E | I | T | Y | H | P | C | O | R |
| O | R | C | I | T | E | Y | H | P |
| H | Y | P | O | C | R | I | T | E |
| I | T | Y | C | E | H | P | R | O |
| R | C | H | P | O | I | T | E | Y |
| P | O | E | T | R | Y | H | C | I |

## 67

| O | C | T | A | E | S | L | I | N |
|---|---|---|---|---|---|---|---|---|
| E | A | N | I | L | C | S | T | O |
| L | S | I | N | O | T | A | E | C |
| C | O | A | S | T | L | I | N | E |
| T | N | S | E | A | I | O | C | L |
| I | L | E | O | C | N | T | A | S |
| N | I | L | C | S | A | E | O | T |
| S | E | C | T | I | O | N | L | A |
| A | T | O | L | N | E | C | S | I |

## 68

| Y | A | M | E | T | N | C | P | O |
|---|---|---|---|---|---|---|---|---|
| T | E | N | O | P | C | A | M | Y |
| C | O | P | A | Y | M | E | N | T |
| P | M | Y | N | C | O | T | A | E |
| A | C | T | Y | M | E | P | O | N |
| E | N | O | P | A | T | M | Y | C |
| O | Y | C | M | E | P | N | T | A |
| N | P | E | T | O | A | Y | C | M |
| M | T | A | C | N | Y | O | E | P |

## 69

| R | A | H | T | I | M | O | L | G |
|---|---|---|---|---|---|---|---|---|
| O | L | T | R | G | H | A | M | I |
| M | G | I | L | A | O | R | T | H |
| L | O | G | I | R | A | T | H | M |
| T | R | A | M | H | L | I | G | O |
| H | I | M | O | T | G | L | A | R |
| A | T | R | G | M | I | H | O | L |
| G | H | L | A | O | R | M | I | T |
| I | M | O | H | L | T | G | R | A |

## 70

| D | O | Y | F | I | N | E | B | R |
|---|---|---|---|---|---|---|---|---|
| N | E | B | Y | D | R | I | O | F |
| I | F | R | E | O | B | D | Y | N |
| E | R | N | I | B | O | Y | F | D |
| Y | D | I | N | E | F | B | R | O |
| F | B | O | R | Y | D | N | I | E |
| O | Y | F | D | N | I | R | E | B |
| R | I | D | B | F | E | O | N | Y |
| B | N | E | O | R | Y | F | D | I |

## 71

| E | X | I | Y | A | M | R | T | D |
|---|---|---|---|---|---|---|---|---|
| R | Y | T | X | D | I | E | A | M |
| A | M | D | E | T | R | I | X | Y |
| T | A | R | D | M | E | Y | I | X |
| M | I | E | A | Y | X | T | D | R |
| Y | D | X | R | I | T | M | E | A |
| D | T | M | I | X | Y | A | R | E |
| X | R | Y | T | E | A | D | M | I |
| I | E | A | M | R | D | X | Y | T |

## 72

| L | D | R | O | P | I | A | C | B |
|---|---|---|---|---|---|---|---|---|
| B | P | I | R | A | C | D | L | O |
| O | C | A | B | D | L | R | I | P |
| D | A | O | C | L | B | I | P | R |
| I | L | P | D | O | R | C | B | A |
| R | B | C | A | I | P | L | O | D |
| P | I | D | L | R | O | B | A | C |
| A | O | B | I | C | D | P | R | L |
| C | R | L | P | B | A | O | D | I |

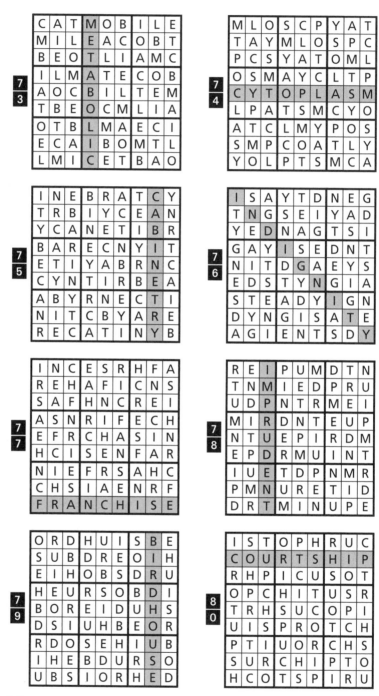

**73**

| C | A | T | M | O | B | I | L | E |
|---|---|---|---|---|---|---|---|---|
| M | I | L | E | A | C | O | B | T |
| B | E | O | T | L | I | A | M | C |
| I | L | M | A | T | E | C | O | B |
| A | O | C | B | I | L | T | E | M |
| T | B | E | O | C | M | L | I | A |
| O | T | B | L | M | A | E | C | I |
| E | C | A | I | B | O | M | T | L |
| L | M | I | C | E | T | B | A | O |

**74**

| M | L | O | S | C | P | Y | A | T |
|---|---|---|---|---|---|---|---|---|
| T | A | Y | M | L | O | S | P | C |
| P | C | S | Y | A | T | O | M | L |
| O | S | M | A | Y | C | L | T | P |
| C | Y | T | O | P | L | A | S | M |
| L | P | A | T | S | M | C | Y | O |
| A | T | C | L | M | Y | P | O | S |
| S | M | P | C | O | A | T | L | Y |
| Y | O | L | P | T | S | M | C | A |

**75**

| I | N | E | B | R | A | T | C | Y |
|---|---|---|---|---|---|---|---|---|
| T | R | B | I | Y | C | E | A | N |
| Y | C | A | N | E | T | I | B | R |
| B | A | R | E | C | N | Y | I | T |
| E | T | I | Y | A | B | R | N | C |
| C | Y | N | T | I | R | B | E | A |
| A | B | Y | R | N | E | C | T | I |
| N | I | T | C | B | Y | A | R | E |
| R | E | C | A | T | I | N | Y | B |

**76**

| I | S | A | Y | T | D | N | E | G |
|---|---|---|---|---|---|---|---|---|
| T | N | G | S | E | I | Y | A | D |
| Y | E | D | N | A | G | T | S | I |
| G | A | Y | I | S | E | D | N | T |
| N | I | T | D | G | A | E | Y | S |
| E | D | S | T | Y | N | G | I | A |
| S | T | E | A | D | Y | I | G | N |
| D | Y | N | G | I | S | A | T | E |
| A | G | I | E | N | T | S | D | Y |

**77**

| I | N | C | E | S | R | H | F | A |
|---|---|---|---|---|---|---|---|---|
| R | E | H | A | F | I | C | N | S |
| S | A | F | H | N | C | R | E | I |
| A | S | N | R | I | F | E | C | H |
| E | F | R | C | H | A | S | I | N |
| H | C | I | S | E | N | F | A | R |
| N | I | E | F | R | S | A | H | C |
| C | H | S | I | A | E | N | R | F |
| F | R | A | N | C | H | I | S | E |

**78**

| R | E | I | P | U | M | D | T | N |
|---|---|---|---|---|---|---|---|---|
| T | N | M | I | E | D | P | R | U |
| U | D | P | N | T | R | M | E | I |
| M | I | R | D | N | T | E | U | P |
| N | T | U | E | P | I | R | D | M |
| E | P | D | R | M | U | I | N | T |
| I | U | E | T | D | P | N | M | R |
| P | M | N | U | R | E | T | I | D |
| D | R | T | M | I | N | U | P | E |

**79**

| O | R | D | H | U | I | S | B | E |
|---|---|---|---|---|---|---|---|---|
| S | U | B | D | R | E | O | I | H |
| E | I | H | O | B | S | D | R | U |
| H | E | U | R | S | O | B | D | I |
| B | O | R | E | I | D | U | H | S |
| D | S | I | U | H | B | E | O | R |
| R | D | O | S | E | H | I | U | B |
| I | H | E | B | D | U | R | S | O |
| U | B | S | I | O | R | H | E | D |

**80**

| I | S | T | O | P | H | R | U | C |
|---|---|---|---|---|---|---|---|---|
| C | O | U | R | T | S | H | I | P |
| R | H | P | I | C | U | S | O | T |
| O | P | C | H | I | T | U | S | R |
| T | R | H | S | U | C | O | P | I |
| U | I | S | P | R | O | T | C | H |
| P | T | I | U | O | R | C | H | S |
| S | U | R | C | H | I | P | T | O |
| H | C | O | T | S | P | I | R | U |

## 81

| | | | | | | | | |
|---|---|---|---|---|---|---|---|---|
| T | L | O | C | U | D | A | R | K |
| R | D | K | A | O | T | U | L | C |
| U | A | C | R | K | L | T | O | D |
| C | O | D | K | R | A | L | T | U |
| K | T | R | U | L | O | C | D | A |
| L | U | A | D | T | C | R | K | O |
| O | K | U | T | C | R | D | A | L |
| A | R | L | O | D | U | K | C | T |
| D | C | T | L | A | K | O | U | R |

## 82

| | | | | | | | | |
|---|---|---|---|---|---|---|---|---|
| N | U | L | I | X | O | P | E | S |
| E | X | P | U | L | S | I | O | N |
| I | O | S | P | E | N | U | X | L |
| P | L | U | X | I | E | N | S | O |
| X | N | E | O | S | P | L | I | U |
| O | S | I | N | U | L | E | P | X |
| U | P | O | E | N | X | S | L | I |
| L | E | N | S | O | I | X | U | P |
| S | I | X | L | P | U | O | N | E |

## 83

| | | | | | | | | |
|---|---|---|---|---|---|---|---|---|
| R | E | D | A | H | O | T | F | G |
| F | A | T | R | G | D | E | H | O |
| H | G | O | E | F | T | A | R | D |
| E | T | G | H | D | A | R | O | F |
| O | R | F | G | T | E | H | D | A |
| A | D | H | O | R | F | G | E | T |
| D | O | R | T | E | G | F | A | H |
| T | H | A | F | O | R | D | G | E |
| G | F | E | D | A | H | O | T | R |

## 84

| | | | | | | | | |
|---|---|---|---|---|---|---|---|---|
| M | S | T | C | U | R | D | K | I |
| U | C | K | D | T | I | S | M | R |
| I | D | R | K | M | S | T | U | C |
| D | R | U | M | S | T | I | C | K |
| T | K | I | R | D | C | M | S | U |
| S | M | C | U | I | K | R | D | T |
| K | I | D | T | C | M | U | R | S |
| C | T | M | S | R | U | K | I | D |
| R | U | S | I | K | D | C | T | M |

## 85

| | | | | | | | | |
|---|---|---|---|---|---|---|---|---|
| H | E | R | B | A | L | I | S | T |
| T | B | A | H | I | S | R | E | L |
| I | S | L | R | E | T | H | B | A |
| B | L | E | S | R | H | A | T | I |
| R | H | T | I | B | A | E | L | S |
| S | A | I | T | L | E | B | R | H |
| E | R | S | L | H | I | T | A | B |
| A | T | H | E | S | B | L | I | R |
| L | I | B | A | T | R | S | H | E |

## 86

| | | | | | | | | |
|---|---|---|---|---|---|---|---|---|
| N | O | M | S | I | R | G | A | U |
| R | A | G | M | N | U | O | S | I |
| U | S | I | A | O | G | N | M | R |
| A | N | O | U | M | S | R | I | G |
| S | M | R | N | G | I | U | O | A |
| G | I | U | R | A | O | S | N | M |
| M | U | A | G | S | N | I | R | O |
| I | G | N | O | R | A | M | U | S |
| O | R | S | I | U | M | A | G | N |

## 87

| | | | | | | | | |
|---|---|---|---|---|---|---|---|---|
| R | U | D | I | M | E | N | T | S |
| M | I | N | D | S | T | E | U | R |
| E | T | S | N | R | U | I | M | D |
| U | R | M | T | N | I | D | S | E |
| I | D | E | R | U | S | T | N | M |
| S | N | T | M | E | D | R | I | U |
| T | S | R | E | I | M | U | D | N |
| N | M | I | U | D | R | S | E | T |
| D | E | U | S | T | N | M | R | I |

## 88

| | | | | | | | | |
|---|---|---|---|---|---|---|---|---|
| B | I | S | Z | R | A | H | F | E |
| F | Z | A | E | H | I | B | S | R |
| H | E | R | B | S | F | I | A | Z |
| A | H | I | R | B | E | S | Z | F |
| S | F | B | A | Z | H | E | R | I |
| Z | R | E | F | I | S | A | H | B |
| E | S | Z | I | A | R | F | B | H |
| I | B | H | S | F | Z | R | E | A |
| R | A | F | H | E | B | Z | I | S |

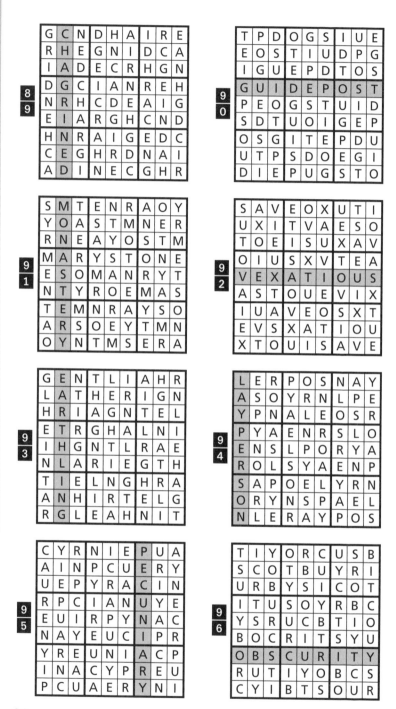

**8/9**

| | | | | | | | | |
|-|-|-|-|-|-|-|-|-|
| G | C | N | D | H | A | I | R | E |
| R | H | E | G | N | I | D | C | A |
| I | A | D | E | C | R | H | G | N |
| D | G | C | I | A | N | R | E | H |
| N | R | H | C | D | E | A | I | G |
| E | I | A | R | G | H | C | N | D |
| H | N | R | A | I | G | E | D | C |
| C | E | G | H | R | D | N | A | I |
| A | D | I | N | E | C | G | H | R |

**9/0**

| | | | | | | | | |
|-|-|-|-|-|-|-|-|-|
| T | P | D | O | G | S | I | U | E |
| E | O | S | T | I | U | D | P | G |
| I | G | U | E | P | D | T | O | S |
| G | U | I | D | E | P | O | S | T |
| P | E | O | G | S | T | U | I | D |
| S | D | T | U | O | I | G | E | P |
| O | S | G | I | T | E | P | D | U |
| U | T | P | S | D | O | E | G | I |
| D | I | E | P | U | G | S | T | O |

**9/1**

| | | | | | | | | |
|-|-|-|-|-|-|-|-|-|
| S | M | T | E | N | R | A | O | Y |
| Y | O | A | S | T | M | N | E | R |
| R | N | E | A | Y | O | S | T | M |
| M | A | R | Y | S | T | O | N | E |
| E | S | O | M | A | N | R | Y | T |
| N | T | Y | R | O | E | M | A | S |
| T | E | M | N | R | A | Y | S | O |
| A | R | S | O | E | Y | T | M | N |
| O | Y | N | T | M | S | E | R | A |

**9/2**

| | | | | | | | | |
|-|-|-|-|-|-|-|-|-|
| S | A | V | E | O | X | U | T | I |
| U | X | I | T | V | A | E | S | O |
| T | O | E | I | S | U | X | A | V |
| O | I | U | S | X | V | T | E | A |
| V | E | X | A | T | I | O | U | S |
| A | S | T | O | U | E | V | I | X |
| I | U | A | V | E | O | S | X | T |
| E | V | S | X | A | T | I | O | U |
| X | T | O | U | I | S | A | V | E |

**9/3**

| | | | | | | | | |
|-|-|-|-|-|-|-|-|-|
| G | E | N | T | L | I | A | H | R |
| L | A | T | H | E | R | I | G | N |
| H | R | I | A | G | N | T | E | L |
| E | T | R | G | H | A | L | N | I |
| I | H | G | N | T | L | R | A | E |
| N | L | A | R | I | E | G | T | H |
| T | I | E | L | N | G | H | R | A |
| A | N | H | I | R | T | E | L | G |
| R | G | L | E | A | H | N | I | T |

**9/4**

| | | | | | | | | |
|-|-|-|-|-|-|-|-|-|
| L | E | R | P | O | S | N | A | Y |
| A | S | O | Y | R | N | L | P | E |
| Y | P | N | A | L | E | O | S | R |
| P | Y | A | E | N | R | S | L | O |
| E | N | S | L | P | O | R | Y | A |
| R | O | L | S | Y | A | E | N | P |
| S | A | P | O | E | L | Y | R | N |
| O | R | Y | N | S | P | A | E | L |
| N | L | E | R | A | Y | P | O | S |

**9/5**

| | | | | | | | | |
|-|-|-|-|-|-|-|-|-|
| C | Y | R | N | I | E | P | U | A |
| A | I | N | P | C | U | E | R | Y |
| U | E | P | Y | R | A | C | I | N |
| R | P | C | I | A | N | U | Y | E |
| E | U | I | R | P | Y | N | A | C |
| N | A | Y | E | U | C | I | P | R |
| Y | R | E | U | N | I | A | C | P |
| I | N | A | C | Y | P | R | E | U |
| P | C | U | A | E | R | Y | N | I |

**9/6**

| | | | | | | | | |
|-|-|-|-|-|-|-|-|-|
| T | I | Y | O | R | C | U | S | B |
| S | C | O | T | B | U | Y | R | I |
| U | R | B | Y | S | I | C | O | T |
| I | T | U | S | O | Y | R | B | C |
| Y | S | R | U | C | B | T | I | O |
| B | O | C | R | I | T | S | Y | U |
| O | B | S | C | U | R | I | T | Y |
| R | U | T | I | Y | O | B | C | S |
| C | Y | I | B | T | S | O | U | R |

## 97

| M | I | N | T | Y | G | C | A | S |
|---|---|---|---|---|---|---|---|---|
| S | G | C | M | I | A | N | Y | T |
| T | A | Y | C | S | N | M | G | I |
| G | Y | M | N | A | S | T | I | C |
| C | N | T | I | G | M | A | S | Y |
| I | S | A | Y | C | T | G | N | M |
| N | C | I | A | T | Y | S | M | G |
| Y | M | G | S | N | C | I | T | A |
| A | T | S | G | M | I | Y | C | N |

## 98

| T | X | P | S | E | U | A | O | J |
|---|---|---|---|---|---|---|---|---|
| E | O | S | X | J | A | T | P | U |
| J | A | U | P | O | T | S | E | X |
| P | S | O | E | A | J | X | U | T |
| U | E | J | T | X | P | O | S | A |
| X | T | A | U | S | O | E | J | P |
| A | U | E | J | T | S | P | X | O |
| O | P | X | A | U | E | J | T | S |
| S | J | T | O | P | X | U | A | E |

## 99

| E | A | H | O | T | R | I | C | K |
|---|---|---|---|---|---|---|---|---|
| R | I | C | K | H | A | T | E | O |
| K | T | O | C | E | I | R | A | H |
| A | R | T | I | C | H | O | K | E |
| H | K | I | E | A | O | C | T | R |
| O | C | E | R | K | T | A | H | I |
| T | H | R | A | I | K | E | O | C |
| C | O | K | T | R | E | H | I | A |
| I | E | A | H | O | C | K | R | T |

## 100

| R | U | S | T | Y | G | N | O | E |
|---|---|---|---|---|---|---|---|---|
| Y | G | T | N | O | E | S | R | U |
| N | E | O | R | U | S | Y | T | G |
| O | T | U | E | N | Y | G | S | R |
| E | S | N | U | G | R | O | Y | T |
| G | R | Y | O | S | T | E | U | N |
| U | Y | G | S | T | N | R | E | O |
| S | O | R | G | E | U | T | N | Y |
| T | N | E | Y | R | O | U | G | S |

## 101

| I | Z | T | N | D | Q | E | U | A |
|---|---|---|---|---|---|---|---|---|
| Q | E | A | I | T | U | N | D | Z |
| D | U | N | Z | E | A | I | Q | T |
| Z | A | U | D | Q | N | T | I | E |
| E | Q | I | U | A | T | Z | N | D |
| N | T | D | E | Z | I | Q | A | U |
| A | I | Q | T | U | Z | D | E | N |
| U | D | Z | Q | N | E | A | T | I |
| T | N | E | A | I | D | U | Z | Q |

## 102

| C | P | U | N | I | E | T | M | A |
|---|---|---|---|---|---|---|---|---|
| A | N | I | M | T | C | P | U | E |
| M | E | T | U | A | P | I | C | N |
| P | U | E | A | M | I | N | T | C |
| I | M | N | E | C | T | U | A | P |
| T | A | C | P | N | U | M | E | I |
| E | T | M | C | P | N | A | I | U |
| U | I | P | T | E | A | C | N | M |
| N | C | A | I | U | M | E | P | T |

## 103

| A | E | N | S | C | R | T | O | I |
|---|---|---|---|---|---|---|---|---|
| O | S | T | N | I | E | R | C | A |
| R | I | C | T | A | O | S | N | E |
| S | N | I | E | O | A | C | T | R |
| T | C | A | I | R | S | N | E | O |
| E | O | R | C | N | T | I | A | S |
| I | T | S | O | E | N | A | R | C |
| N | A | O | R | S | C | E | I | T |
| C | R | E | A | T | I | O | S | N |

## 104

| L | Y | C | E | T | R | A | I | N |
|---|---|---|---|---|---|---|---|---|
| N | A | E | L | Y | I | C | R | T |
| I | T | R | C | N | A | L | E | Y |
| Y | R | T | I | A | C | E | N | L |
| E | N | A | T | L | Y | R | C | I |
| C | L | I | R | E | N | T | Y | A |
| R | C | N | A | I | L | Y | T | E |
| T | I | L | Y | C | E | N | A | R |
| A | E | Y | N | R | T | I | L | C |

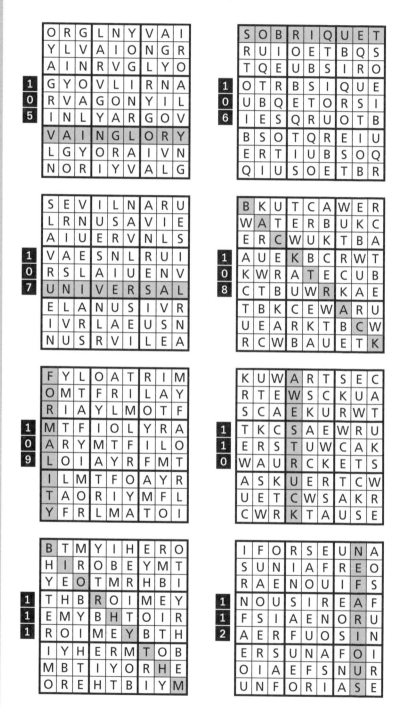

**105**

| | | | | | | | | |
|---|---|---|---|---|---|---|---|---|
| O | R | G | L | N | Y | V | A | I |
| Y | L | V | A | I | O | N | G | R |
| A | I | N | R | V | G | L | Y | O |
| G | Y | O | V | L | I | R | N | A |
| R | V | A | G | O | N | Y | I | L |
| I | N | L | Y | A | R | G | O | V |
| V | A | I | N | G | L | O | R | Y |
| L | G | Y | O | R | A | I | V | N |
| N | O | R | I | Y | V | A | L | G |

**106**

| | | | | | | | | |
|---|---|---|---|---|---|---|---|---|
| S | O | B | R | I | Q | U | E | T |
| R | U | I | O | E | T | B | Q | S |
| T | Q | E | U | B | S | I | R | O |
| O | T | R | B | S | I | Q | U | E |
| U | B | Q | E | T | O | R | S | I |
| I | E | S | Q | R | U | O | T | B |
| B | S | O | T | Q | R | E | I | U |
| E | R | T | I | U | B | S | O | Q |
| Q | I | U | S | O | E | T | B | R |

**107**

| | | | | | | | | |
|---|---|---|---|---|---|---|---|---|
| S | E | V | I | L | N | A | R | U |
| L | R | N | U | S | A | V | I | E |
| A | I | U | E | R | V | N | L | S |
| V | A | E | S | N | L | R | U | I |
| R | S | L | A | I | U | E | N | V |
| U | N | I | V | E | R | S | A | L |
| E | L | A | N | U | S | I | V | R |
| I | V | R | L | A | E | U | S | N |
| N | U | S | R | V | I | L | E | A |

**108**

| | | | | | | | | |
|---|---|---|---|---|---|---|---|---|
| B | K | U | T | C | A | W | E | R |
| W | A | T | E | R | B | U | K | C |
| E | R | C | W | U | K | T | B | A |
| A | U | E | K | B | C | R | W | T |
| K | W | R | A | T | E | C | U | B |
| C | T | B | U | W | R | K | A | E |
| T | B | K | C | E | W | A | R | U |
| U | E | A | R | K | T | B | C | W |
| R | C | W | B | A | U | E | T | K |

**109**

| | | | | | | | | |
|---|---|---|---|---|---|---|---|---|
| F | Y | L | O | A | T | R | I | M |
| O | M | T | F | R | I | L | A | Y |
| R | I | A | Y | L | M | O | T | F |
| M | T | F | I | O | L | Y | R | A |
| A | R | Y | M | T | F | I | L | O |
| L | O | I | A | Y | R | F | M | T |
| I | L | M | T | F | O | A | Y | R |
| T | A | O | R | I | Y | M | F | L |
| Y | F | R | L | M | A | T | O | I |

**110**

| | | | | | | | | |
|---|---|---|---|---|---|---|---|---|
| K | U | W | A | R | T | S | E | C |
| R | T | E | W | S | C | K | U | A |
| S | C | A | E | K | U | R | W | T |
| T | K | C | S | A | E | W | R | U |
| E | R | S | T | U | W | C | A | K |
| W | A | U | R | C | K | E | T | S |
| A | S | K | U | E | R | T | C | W |
| U | E | T | C | W | S | A | K | R |
| C | W | R | K | T | A | U | S | E |

**111**

| | | | | | | | | |
|---|---|---|---|---|---|---|---|---|
| B | T | M | Y | I | H | E | R | O |
| H | I | R | O | B | E | Y | M | T |
| Y | E | O | T | M | R | H | B | I |
| T | H | B | R | O | I | M | E | Y |
| E | M | Y | B | H | T | O | I | R |
| R | O | I | M | E | Y | B | T | H |
| I | Y | H | E | R | M | T | O | B |
| M | B | T | I | Y | O | R | H | E |
| O | R | E | H | T | B | I | Y | M |

**112**

| | | | | | | | | |
|---|---|---|---|---|---|---|---|---|
| I | F | O | R | S | E | U | N | A |
| S | U | N | I | A | F | R | E | O |
| R | A | E | N | O | U | I | F | S |
| N | O | U | S | I | R | E | A | F |
| F | S | I | A | E | N | O | R | U |
| A | E | R | F | U | O | S | I | N |
| E | R | S | U | N | A | F | O | I |
| O | I | A | E | F | S | N | U | R |
| U | N | F | O | R | I | A | S | E |

**11·1·3**

| | | | | | | | | |
|---|---|---|---|---|---|---|---|---|
| E | A | M | C | N | U | I | L | T |
| L | I | T | A | E | M | N | C | U |
| N | C | U | T | L | I | M | E | A |
| A | L | E | I | C | T | U | M | N |
| I | T | N | U | M | L | E | A | C |
| U | M | C | N | A | E | T | I | L |
| M | N | A | E | T | C | L | U | I |
| T | E | I | L | U | A | C | N | M |
| C | U | L | M | I | N | A | T | E |

**11·1·4**

| | | | | | | | | |
|---|---|---|---|---|---|---|---|---|
| T | P | I | O | A | D | E | Z | R |
| R | O | D | P | E | Z | T | I | A |
| A | Z | E | R | I | T | P | O | D |
| P | I | O | Z | T | R | D | A | E |
| E | T | R | I | D | A | Z | P | O |
| Z | D | A | E | O | P | R | T | I |
| O | E | P | D | Z | I | A | R | T |
| I | A | Z | T | R | E | O | D | P |
| D | R | T | A | P | O | I | E | Z |

**11·1·5**

| | | | | | | | | |
|---|---|---|---|---|---|---|---|---|
| T | O | Y | G | I | C | H | R | P |
| P | G | R | T | H | O | Y | C | I |
| I | C | H | R | Y | P | T | G | O |
| H | R | I | C | T | Y | O | P | G |
| C | T | O | P | G | R | I | H | Y |
| Y | P | G | H | O | I | C | T | R |
| O | H | P | I | C | G | R | Y | T |
| R | I | T | Y | P | H | G | O | C |
| G | Y | C | O | R | T | P | I | H |

**11·1·6**

| | | | | | | | | |
|---|---|---|---|---|---|---|---|---|
| R | Y | L | A | O | N | G | F | D |
| O | G | A | L | F | D | N | Y | R |
| D | N | F | R | G | Y | L | O | A |
| A | R | N | F | D | O | Y | L | G |
| L | F | Y | N | R | G | A | D | O |
| G | O | D | Y | A | L | F | R | N |
| Y | L | G | O | N | R | D | A | F |
| N | A | R | D | Y | F | O | G | L |
| F | D | O | G | L | A | R | N | Y |

**11·1·7**

| | | | | | | | | |
|---|---|---|---|---|---|---|---|---|
| S | R | I | C | E | V | O | T | N |
| V | E | T | N | S | O | R | I | C |
| C | O | N | R | T | I | V | E | S |
| R | T | O | S | V | C | E | N | I |
| N | C | E | O | I | R | T | S | V |
| I | S | V | E | N | T | C | R | O |
| E | V | S | T | C | N | I | O | R |
| O | N | C | I | R | E | S | V | T |
| T | I | R | V | O | S | N | C | E |

**11·1·8**

| | | | | | | | | |
|---|---|---|---|---|---|---|---|---|
| M | N | Y | I | S | T | L | E | O |
| I | L | E | Y | O | M | T | S | N |
| O | S | T | N | L | E | Y | M | I |
| Y | I | S | L | E | O | N | T | M |
| T | O | N | S | M | Y | I | L | E |
| E | M | L | T | N | I | O | Y | S |
| N | Y | M | E | I | L | S | O | T |
| L | E | I | O | T | S | M | N | Y |
| S | T | O | M | Y | N | E | I | L |

**11·1·9**

| | | | | | | | | |
|---|---|---|---|---|---|---|---|---|
| I | S | R | A | M | U | T | E | N |
| N | T | U | R | E | S | M | A | I |
| E | A | M | N | T | I | S | R | U |
| R | M | N | E | I | T | U | S | A |
| T | U | I | S | R | A | N | M | E |
| S | E | A | M | U | N | I | T | R |
| A | N | T | I | S | E | R | U | M |
| U | R | E | T | N | M | A | I | S |
| M | I | S | U | A | R | E | N | T |

**12·0**

| | | | | | | | | |
|---|---|---|---|---|---|---|---|---|
| S | A | M | R | D | U | E | N | I |
| D | R | E | I | S | N | A | U | M |
| N | U | I | E | A | M | S | R | D |
| E | N | R | U | M | D | I | S | A |
| I | M | D | S | R | A | U | E | N |
| A | S | U | N | E | I | D | M | R |
| U | I | S | D | N | R | M | A | E |
| M | D | N | A | U | E | R | I | S |
| R | E | A | M | I | S | N | D | U |

| | | | | | | | | |
|---|---|---|---|---|---|---|---|---|
| H | U | C | M | A | E | T | S | D |
| M | D | S | U | T | H | C | A | E |
| T | A | E | S | D | C | U | H | M |
| A | E | M | T | H | D | S | U | C |
| S | C | H | A | E | U | M | D | T |
| U | T | D | C | M | S | H | E | A |
| E | S | T | H | C | A | D | M | U |
| D | M | U | E | S | T | A | C | H |
| C | H | A | D | U | M | E | T | S |

| | | | | | | | | |
|---|---|---|---|---|---|---|---|---|
| D | S | R | O | N | C | L | U | E |
| L | C | N | U | S | E | O | R | D |
| U | O | E | L | D | R | N | S | C |
| S | U | O | C | R | L | E | D | N |
| E | N | L | D | U | S | R | C | O |
| R | D | C | N | E | O | U | L | S |
| O | R | D | S | L | N | C | E | U |
| N | E | S | R | C | U | D | O | L |
| C | L | U | E | O | D | S | N | R |

| | | | | | | | | |
|---|---|---|---|---|---|---|---|---|
| E | O | T | U | D | N | A | I | C |
| N | D | I | A | C | E | T | U | O |
| A | C | U | T | I | O | N | E | D |
| O | T | E | C | N | I | D | A | U |
| C | N | D | E | A | U | O | T | I |
| I | U | A | D | O | T | C | N | E |
| D | E | N | O | U | A | I | C | T |
| T | I | C | N | E | D | U | O | A |
| U | A | O | I | T | C | E | D | N |

| | | | | | | | | |
|---|---|---|---|---|---|---|---|---|
| A | V | P | Y | I | E | T | D | R |
| T | Y | D | V | P | R | I | E | A |
| E | R | I | D | A | T | Y | P | V |
| V | D | A | E | T | I | P | R | Y |
| Y | P | T | R | V | D | E | A | I |
| R | I | E | A | Y | P | D | V | T |
| P | A | R | T | E | Y | V | I | D |
| D | E | Y | I | R | V | A | T | P |
| I | T | V | P | D | A | R | Y | E |

| | | | | | | | | |
|---|---|---|---|---|---|---|---|---|
| C | D | T | I | U | P | A | L | E |
| L | U | I | T | E | A | C | D | P |
| E | P | A | C | D | L | T | U | I |
| U | L | E | P | T | D | I | A | C |
| A | I | P | L | C | U | E | T | D |
| T | C | D | E | A | I | L | P | U |
| P | A | C | D | L | E | U | I | T |
| I | T | L | U | P | C | D | E | A |
| D | E | U | A | I | T | P | C | L |

| | | | | | | | | |
|---|---|---|---|---|---|---|---|---|
| N | S | O | I | A | C | D | U | T |
| T | C | A | D | N | U | I | O | S |
| D | U | I | T | O | S | A | C | N |
| C | D | U | A | I | T | N | S | O |
| S | I | T | N | U | O | C | A | D |
| A | O | N | C | S | D | U | T | I |
| U | T | C | O | D | I | S | N | A |
| O | N | D | S | C | A | T | I | U |
| I | A | S | U | T | N | O | D | C |

| | | | | | | | | |
|---|---|---|---|---|---|---|---|---|
| E | B | T | I | L | P | U | R | N |
| R | L | P | E | U | N | I | T | B |
| I | U | N | B | T | R | L | P | E |
| B | E | U | R | I | L | T | N | P |
| T | P | I | U | N | E | R | B | L |
| N | R | L | P | B | T | E | I | U |
| P | I | E | N | R | U | B | L | T |
| L | N | R | T | E | B | P | U | I |
| U | T | B | L | P | I | N | E | R |

| | | | | | | | | |
|---|---|---|---|---|---|---|---|---|
| E | V | T | H | I | C | K | G | N |
| C | H | G | K | E | N | V | T | I |
| I | N | K | G | T | V | E | H | C |
| H | K | I | C | G | E | T | N | V |
| V | G | N | T | H | K | C | I | E |
| T | E | C | V | N | I | H | K | G |
| K | C | H | N | V | G | I | E | T |
| G | T | E | I | C | H | N | V | K |
| N | I | V | E | K | T | G | C | H |

**129**

| | | | | | | | | |
|---|---|---|---|---|---|---|---|---|
| R | E | H | P | O | L | S | U | T |
| S | U | L | E | T | H | O | P | R |
| O | T | P | R | S | U | E | H | L |
| U | S | R | T | L | P | H | O | E |
| P | O | E | S | H | R | T | L | U |
| L | H | T | U | E | O | R | S | P |
| H | P | U | O | R | E | L | T | S |
| T | R | O | L | U | S | P | E | H |
| E | L | S | H | P | T | U | R | O |

**130**

| | | | | | | | | |
|---|---|---|---|---|---|---|---|---|
| A | D | I | O | S | H | C | P | R |
| O | P | S | A | C | R | D | I | H |
| H | R | C | D | P | I | S | O | A |
| S | A | R | H | O | D | I | C | P |
| C | O | D | I | R | P | A | H | S |
| I | H | P | C | A | S | R | D | O |
| R | S | O | P | I | C | H | A | D |
| P | C | H | S | D | A | O | R | I |
| D | I | A | R | H | O | P | S | C |

**131**

| | | | | | | | | |
|---|---|---|---|---|---|---|---|---|
| A | H | R | S | G | E | L | U | T |
| U | T | E | L | R | H | S | A | G |
| G | S | L | A | U | T | H | R | E |
| T | G | A | U | L | S | E | H | R |
| R | E | H | G | T | A | U | S | L |
| S | L | U | H | E | R | T | G | A |
| H | R | S | T | A | L | G | E | U |
| L | A | G | E | H | U | R | T | S |
| E | U | T | R | S | G | A | L | H |

**132**

| | | | | | | | | |
|---|---|---|---|---|---|---|---|---|
| I | T | G | S | E | U | N | A | R |
| R | E | A | I | T | N | S | G | U |
| S | U | N | G | R | A | I | E | T |
| T | A | S | N | U | E | R | I | G |
| G | R | E | A | I | S | U | T | N |
| N | I | U | T | G | R | A | S | E |
| A | N | T | U | S | G | E | R | I |
| E | S | I | R | N | T | G | U | A |
| U | G | R | E | A | I | T | N | S |

**133**

| | | | | | | | | |
|---|---|---|---|---|---|---|---|---|
| C | I | T | E | M | A | R | U | B |
| M | E | R | B | U | C | I | T | A |
| U | B | A | T | R | I | M | E | C |
| I | R | M | U | E | B | A | C | T |
| T | A | B | I | C | R | U | M | E |
| E | C | U | A | T | M | B | I | R |
| A | U | E | M | B | T | C | R | I |
| R | M | I | C | A | E | T | B | U |
| B | T | C | R | I | U | E | A | M |

**134**

| | | | | | | | | |
|---|---|---|---|---|---|---|---|---|
| R | N | G | I | M | A | H | S | T |
| H | A | M | S | T | R | I | N | G |
| T | I | S | H | G | N | R | M | A |
| M | H | N | A | S | G | T | R | I |
| S | T | A | M | R | I | G | H | N |
| G | R | I | T | N | H | S | A | M |
| N | G | T | R | A | S | M | I | H |
| I | M | R | N | H | T | A | G | S |
| A | S | H | G | I | M | N | T | R |

**135**

| | | | | | | | | |
|---|---|---|---|---|---|---|---|---|
| G | L | U | E | S | A | I | Q | N |
| S | N | A | G | Q | I | U | E | L |
| I | E | Q | N | U | L | S | G | A |
| A | G | S | U | E | Q | L | N | I |
| Q | U | L | I | A | N | G | S | E |
| N | I | E | S | L | G | A | U | Q |
| E | A | G | Q | I | S | N | L | U |
| U | S | I | L | N | E | Q | A | G |
| L | Q | N | A | G | U | E | I | S |

**136**

| | | | | | | | | |
|---|---|---|---|---|---|---|---|---|
| A | U | L | Y | O | T | N | V | R |
| T | R | V | L | U | N | Y | O | A |
| N | O | Y | V | R | A | T | L | U |
| Y | N | R | O | T | L | A | U | V |
| O | L | T | A | V | U | R | N | Y |
| V | A | U | N | Y | R | L | T | O |
| R | V | N | U | L | Y | O | A | T |
| U | Y | A | T | N | O | V | R | L |
| L | T | O | R | A | V | U | Y | N |

**137**

| | | | | | | | | |
|---|---|---|---|---|---|---|---|---|
| E | I | D | A | P | U | L | T | M |
| T | L | U | D | M | E | A | P | I |
| A | M | P | L | I | T | U | D | E |
| D | E | I | T | U | A | P | M | L |
| P | T | L | M | D | I | E | U | A |
| U | A | M | E | L | P | D | I | T |
| M | D | A | P | T | L | I | E | U |
| L | U | T | I | E | D | M | A | P |
| I | P | E | U | A | M | T | L | D |

**138**

| | | | | | | | | |
|---|---|---|---|---|---|---|---|---|
| D | P | A | R | Y | S | W | O | L |
| R | L | O | A | D | W | S | Y | P |
| S | W | Y | P | L | O | R | D | A |
| Y | D | W | S | A | R | P | L | O |
| O | R | P | L | W | D | Y | A | S |
| L | A | S | Y | O | P | D | R | W |
| W | O | R | D | P | L | A | S | Y |
| P | Y | D | O | S | A | L | W | R |
| A | S | L | W | R | Y | O | P | D |

**139**

| | | | | | | | | |
|---|---|---|---|---|---|---|---|---|
| A | N | O | R | V | P | D | E | T |
| T | D | V | N | O | E | A | R | P |
| P | R | E | D | A | T | V | N | O |
| D | T | A | P | N | V | E | O | R |
| O | P | R | T | E | D | N | A | V |
| V | E | N | O | R | A | P | T | D |
| N | A | D | V | T | R | O | P | E |
| E | V | T | A | P | O | R | D | N |
| R | O | P | E | D | N | T | V | A |

**140**

| | | | | | | | | |
|---|---|---|---|---|---|---|---|---|
| S | L | Y | O | A | R | P | E | H |
| H | O | R | S | E | P | L | A | Y |
| P | A | E | Y | L | H | O | S | R |
| A | E | S | H | R | L | Y | P | O |
| L | Y | H | A | P | O | S | R | E |
| O | R | P | E | S | Y | H | L | A |
| R | H | L | P | O | E | A | Y | S |
| Y | P | A | R | H | S | E | O | L |
| E | S | O | L | Y | A | R | H | P |

**141**

| | | | | | | | | |
|---|---|---|---|---|---|---|---|---|
| N | O | V | U | I | R | E | L | S |
| I | L | U | S | N | E | R | O | V |
| R | E | S | O | L | V | I | U | N |
| L | R | I | E | V | U | S | N | O |
| S | U | N | I | O | L | V | E | R |
| O | V | E | N | R | S | L | I | U |
| U | S | O | R | E | I | N | V | L |
| E | N | L | V | S | O | U | R | I |
| V | I | R | L | U | N | O | S | E |

**142**

| | | | | | | | | |
|---|---|---|---|---|---|---|---|---|
| R | X | U | N | I | C | E | S | O |
| E | I | C | R | S | O | X | U | N |
| O | S | N | X | E | U | C | I | R |
| X | O | R | S | C | N | U | E | I |
| U | E | S | I | O | X | R | N | C |
| N | C | I | E | U | R | S | O | X |
| C | R | O | U | N | E | I | X | S |
| S | N | E | C | X | I | O | R | U |
| I | U | X | O | R | S | N | C | E |

**143**

| | | | | | | | | |
|---|---|---|---|---|---|---|---|---|
| E | G | O | I | H | F | R | T | S |
| H | T | F | S | R | O | E | G | I |
| R | I | S | G | E | T | H | O | F |
| T | R | G | H | I | S | O | F | E |
| I | S | H | F | O | E | T | R | G |
| O | F | E | T | G | R | I | S | H |
| F | O | R | E | S | I | G | H | T |
| G | E | T | R | F | H | S | I | O |
| S | H | I | O | T | G | F | E | R |

**144**

| | | | | | | | | |
|---|---|---|---|---|---|---|---|---|
| S | O | R | B | E | I | T | M | N |
| E | M | N | R | T | O | S | I | B |
| I | T | B | N | M | S | E | O | R |
| M | B | T | S | N | R | I | E | O |
| N | E | S | I | O | M | R | B | T |
| R | I | O | T | B | E | N | S | M |
| T | N | E | O | I | B | M | R | S |
| B | R | I | M | S | T | O | N | E |
| O | S | M | E | R | N | B | T | I |